国家社科基金重大项目“构建全民共建共享的社会矛盾纠纷多元化解机制研究”（15ZDC029）阶段性成果

中国调解研究文丛（实务系列）
总主编　廖永安

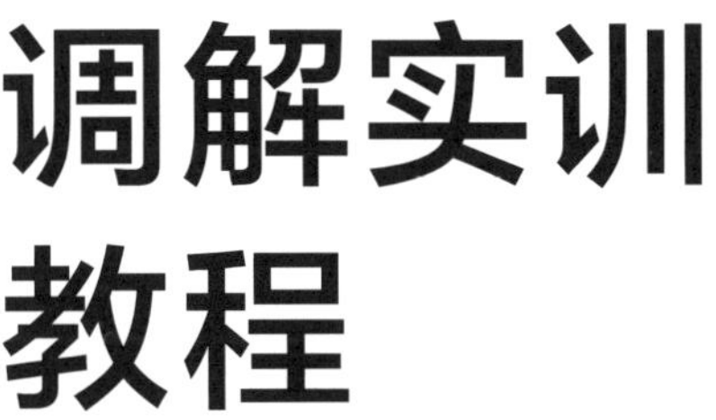

调解实训教程

主　编◎廖永安　覃斌武
副主编◎赵毅宇

中国人民大学出版社
·北京·

中国调解研究文丛（实务系列）

编 委 会

本书获湘潭大学文化素质教育核心课程教材出版资助。

总　序

美国法理学者富勒曾言："法治的目的之一在于以和平而非暴力的方式来解决争端"。在所有第三方纠纷解决机制中，调解无疑是合意最多、强制最少的和平方式。从古代儒家的"无讼"理念，到抗日民主政权时期的"马锡五"审判模式，再到新时代的"枫桥经验"，调解凝聚为中华民族独特的法律文化意识，不仅是外显于中华社会的治理模式，而且是内嵌于淳朴人心的处事习惯与生活方式；不仅是人们定分止争的理想选择、思维习惯，而且是为人称颂的息事宁人、和睦相处的传统美德。更为弥足珍贵的是，源自于东方的调解文化，在发展和传播的过程中，其理念和价值早已为域外文明所接受，成为西方话语主导下的现代司法体系中一个难得的东方元素和中国印记。

然而，在我国现代化转型的过程中，调解制度仍主要是遵循由政府主导的自上而下式发展进路，要么在法治现代化改革中被边缘化，要么在维护社会稳定大局中被急功近利地运动化推进，导致各种调解制度处于不确定、不规范的运作状态。与之相伴随的是，法律人对调解的研究也大多埋首于优势、意义等"形而上"的宏大叙事问题，对调解现代化面临的困境与对策则缺乏深入分析，就像一只"无脚的鸟"，始终没有落到可以栖息、生长的实地，调解研究呈现浮躁、幼稚的状态。在现实的调解实战中，调解队伍庞大但素质参差不齐、调解基准多样但缺乏法律支撑、调解程序灵活但少有必要规范、调解方法多元但囿于直接经验等，这些都成为制约调解实践进一步发展的瓶颈。由此观之，我国调解在现代化转型中仍滞留在经验层面，缺乏理论化、系统化、规模化、现代化的升华，以致有些人视其为"与现代法治精神相悖"的历史遗留，对中华民族自身的调解传统、制度和实践缺乏足够的道路自信、理论自信、制度自信和文化自信。

放眼域外，西方法治发达国家为克服对抗式诉讼代价昂贵等固有弊端，自20世纪70年代末以来，提倡推行以调解为核心的非诉纠纷解决机制，形成了接近正义运动的“第三次浪潮”。目前，在不少西方发达国家，调解的学科化或科学化发展趋势十分明显。社会学、心理学、经济学等研究成果在调解领域的广泛应用，不仅大大提升了调解的科学化水平，还使调解成为一门新兴的综合学科。体系化、标准化的调解课程不仅是调解员培训必修的课程，而且成了法学院的常规课程。调解学科的兴起，还催生了一个行业。在一些国家，调解已经成为人们可以终身从事的一种职业。

因此，在调解的现代化转型上，不得不承认在不少方面我们已经落后了。这引起了我们的忧思。我们的文化传统在异域他乡能呈现出科学化、体系化、职业化与商业化的欣欣向荣景象，实用主义的引导与作用，或许可以成为答案之一，但从技术层面而言，精细化的研究始终是一个不可逾越的基础。如果我们再不警醒，再不转变调解的研究方式，再不提升调解的精细化研究水平，长此以往，调解话语权的流失将成为必然。因此，调解的实践者和研究者需要有持之以恒的毅力去推动中国调解制度的发展，基于这样的使命感，我们策划出版了《中国调解研究文丛》，力图在以下方面有所裨益。

其一，促进调解制度改革，提升社会治理水平。党的十九大报告提出，要打造全民共建共治共享的社会治理格局，强调加强预防和化解社会矛盾机制建设，正确处理人民内部矛盾。毋庸置疑，调解在我国社会矛盾化解中起着举足轻重的作用。而政策性因素对调解的长久发展而言，更像是一个“药引子”，真正让调解养成“健康体魄”的还是制度性因素。我国现行的调解制度主要包括人民调解、法院调解、行政调解、仲裁调解、商事调解、行业调解等。丛书将充分回应如何夯实人民调解制度、规范行政调解制度、改革法院调解制度、发展商事调解等新型调解制度等关键问题，并注重各种制度之间的对接、协调与平衡，探寻科学的制度创新与改革路径，以此建立起一套科学高效的社会矛盾化解机制，提升我国的社会治理水平。

其二，创新调解研究范式，构建调解的“中国话语体系”。调解研究范式不论是彻头彻尾的洋腔洋调，还是墨守成规的自说自话，抑或是一孔之见的片面窥探，都无法铿锵有力并落地生根。我们只有立足本土资源，把握国际调解新动向，并展开跨学科研究，才有可能使调解的中国话语掷地有声。丛书就其实证性而言，它客观、可信，考证严密；就其国际性而言，它深刻、独到，视野宽阔；就其跨学科性而言，它多元、缜密，交叉融合，希冀为构建调解的“中国话语体系”指明基本方向。

其三，建立调解教材体系，增强调解人才培养能力。开发一套科学、系统、规范、实用的调解教材，为调解人才培养提供强有力的理论指导和体系化的培训支撑，具有重要的现实意义。丛书力图填补国内系统化调解教材的空白，改进当前少量既有教材存在的理论性不全、实践性不强、操作性不便等不足，希望抓住调解员这一核心要素，从调解经验总结、调解经典案例评析、社会心理学在调解中的应用、中国调解文化解读、调解策略梳理等多维度构筑我国调解教材体系，进而提升我国调解人才的培养能力。

文丛的开发得到了最高人民法院和司法部的鼎力支持，并分为两个子系列：一个是调解理论系列，由最高人民法院李少平副院长担任顾问，其编写主要依托最高人民法院与湘潭大学共建的多元化纠纷解决机制研究基地；另一个是调解实务系列，由司法部刘振宇副部长担任顾问，其编写主要依托司法部与湘潭大学共建的调解理论研究与人才培训基地。此外，文丛的编写与出版还获得了中国民事诉讼法学研究会 ADR 理论研究专业委员会、中国仲裁法学研究会调解与谈判专业委员会、调解研究领域的知名学者、调解实务界权威专家以及中国人民大学出版社的大力支持。我们期望并相信，丛书的面世将为构筑我国科学的调解员培养培训体系提供理论指导，为全面发挥调解在促进社会矛盾化解、社会治理创新中的作用提供智力支持，为构建适应我国现代化进程和独具中国特色的调解话语体系作出贡献。

是为序。

谢 勇 廖永安

2019 年 2 月

前　言

调解是我国传统文化追求和谐自然秩序的产物，历来是中国定分止争和安定社会的重要手段和基本方式，它深刻地反映出中华民族“以和为贵”的独特文化价值取向，被誉为“东方经验”。令人欣喜的是，调解在“东学西渐”的过程中，得到了世界各国越来越广泛的价值认同：不仅在有着不同文化土壤和制度环境的西方国家形成了科学化、职业化与商业化的趋势，也为中国调解的现代化转型提供了西方经验。

邀请外国调解专家来华开展调解培训，进行跨文化的面对面交流，是我国引进西方优秀调解经验的重要方式。2011 年至 2014 年间，湘潭大学先后与美国马萨诸塞州大学、美国马萨诸塞州法官协会、美国萨福克大学、美国得克萨斯州卫斯理大学联合举办了四届“中美调解国际研讨培训”，并邀请了曾任美国马萨诸塞州高等法院法官的温蒂·葛申刚、美国 JAMS 公司资深调解员詹姆斯·麦圭尔、美国 Ropes & Gray LLP 律师事务所合伙人克莱·麦圭尔、美国萨福克大学法学院教授罗伯特·史密斯、美国马萨诸塞州罕布什尔郡律师协会替代性纠纷解决办法委员会前主席莉莲·美兰达、美国马萨诸塞州大学教授戴维德·麦茨、美国哈佛大学医学院系统监察办公室主任梅丽莎·布里德里克等资深调解专家作为培训导师来华授课。在培训期间，导师引入了原汁原味的美国调解培训课程，采用了热身游戏、导师讲座、模拟演练、有问必答等丰富多样的授课形式；学员们参与培训的热情高涨，积极互动、学习新知，高度认可美国的调解培训模式。

通过全程参与培训，我们可以发现中美调解存在以下不同之处：一是在调解发展方面，中国调解仍主要遵循着由政府主导的发展进路，人民调解、司法调解等不断地经历着自上而下式的改革；而在美国，调解却演变为一桩新的“生意”，形成了规模较大的市场，商业化的发展甚为可观。二是在调解研究方面，与中国的调解研究偏重于“为什么调”、着重阐述调解的价值和功能不同，美国的调解研究更注重“怎么调”，其调解方法的系统化与规则化建设颇具成效，俨然已成为一门集法学、社会学、经济学、心理学等多学科于一体的综合性学科。三是在调解授课培训方面，美国调解授课培训强调运用头脑风暴法、启发与互动式教学法等，与中国传统的注重强调概念与思辨，老师满堂灌输、学生被动接受的教学方式大相径庭。

基于以上认识，我们于2013年出版了《中美调解培训启示录》。该书以“临摹”式的手法全程记录了中美调解培训现场的诸多细节，对于了解美国调解的现状和发展趋势、开展中美调解比较研究、学习美国调解培训方式等具有重要意义。时下，鉴于我国调解培训需求量大，但缺乏兼具国际性、理论性与实用性的培训教材，我们决定在《中美调解培训启示录》的基础上，进行体系化的总结与凝练，并结合中国调解的实际进行内容拓展，开发出《调解实训教程》。具体而言，本书具有以下特色。

其一，国际性的研究视野。我国调解的发展不能囿于本土、故步自封，应放眼国际调解的大环境，吸收西方先进的调解知识与经验。虽然在21世纪初，我国就开始对西方调解进行借鉴，但其中制度性介绍较多，直接反映经验技巧的研究较少。本书秉持“世界眼光，中国问题”的理念，创作灵感与写作素材多源于“中美调解国际研讨培训”中的美方专家与学员在教学相长过程中碰撞出的思想火花，并在深入理解美国调解理论与实践的基础上，探究出适合中国调解培训的有益启示。

其二，体系化的内容安排。本书分为冲突、谈判与调解，调解的程序，调解员的风格与策略，调解的基本技巧，调解中僵局打破的技巧，心理学在调解中的运用，调解协议及其履行，美国法院附设调解，调解员的道德规范等九章，形成了“运行程序——策略技巧——制度规范”的调解培训内容体系。其中，调解技巧是本书的重点内容，包括调解过程中常用的积极聆听、开放式提问、固定成果等一般性技巧，也包括在调解出现僵局时使用的“做大蛋糕”、鼓励让步、引入第三方等打破僵局的技巧，更具特色的是将心理学原理运用到调解中，对如何构建积极的沟通模式、控制当事人情绪、挖掘深层利益等问题进行了深入解读。

其三，实用型的教材体例。本书定位为“实训”教程，其编写体例是首先从极具启迪性的“游戏演练”入手，让学员从轻松活泼的氛围中探寻调解的真谛；其次是直接简明地阐述“知识要点”，避免了晦涩难懂的概念与理论，使学员能快速地掌握系统性的调解知识；最后设置了“有问必答”环节，引导学员积极参与、主动思考，从而有针对性地解决学员在培训过程中出现的重点难点问题。这一编写体例是将美国启发式、学员参与式教学方式融入调解教材的一次有益尝试，具有形式活泼、使用方便的特点，能够贴近学员的学习和认知，激发他们的学习热情，形成教学相长的良性循环。

本书的编写首先要感谢上述来自大洋彼岸的美国资深调解专家，以及中国各组织方、参与方为中美法律交流所作出的努力。希望双方基于相互尊重和理解的交流可以进一步增进中美两国人民的了解和友谊，促进不同法系、不同文明之间的对话和交融。其次，要感谢知名翻译家吴瑞卿博士、陈子豪博士，湘潭大学李喜莲教授、覃斌武副教授、刘方勇副教授、张庆霖博士、雷勇博士、硕士研究生王雪石子，上海建伟（长沙）律师事务所戴勇坚主任，湖南理工学院侯元贞博士，南华大学吕宗澄博士对“中美调解国际研讨培训”进行的记录与整理工作，他们为本书的写作提供了丰富的素材。再次，要感谢湘潭大学覃斌武副教授，南京大学博士研究生龙乙方，湘潭大学博士研究生谢米隆、肖文、孔凡琛、谢珉慧、张红旺、赵毅宇，他们参与了本书的编写。最后，要感谢中国人民大学出版社对本书给予的高度重视与支持。

书中相关图片已经过授权，特此说明。

我们希望并相信，本书的面世将为我国调解员培训提供有力的教材支撑，对我国调解技术的开发、调解规则的完善以及调解制度的规范化建设大有裨益，为推进我国治理体系与治理能力现代化贡献力量。

廖永安

2019 年 5 月 18 日

目　　录

第一章　冲突、谈判与调解

第一节　游戏演练

一、设计姓名牌

（一）游戏规则

由老师带领学员根据自己的姓名设计姓名牌（见图 1－1）。姓名牌的设计围绕自己的姓名展开，可以凸显自己在向别人介绍自己姓名时想要表达的个性化内容，具体样式包括字母、汉字、图画或添加不同色彩等。设计好姓名牌后，各自介绍自己姓名牌的设计想法。

图 1－1

（二）游戏过程

老师 1：

大家好，今天我们要来玩一个设计姓名牌的游戏。游戏规则是大家用卡片设计一张属于自己的姓名牌。姓名牌的设计围绕自己的名字展开，可以凸显自己在向别人介绍自己姓名时想要表达的个性化内容，具体样式包括字母、汉字、图画或添加不同色彩等。设计完成后，大家再依次介绍自己的设计想法。

（大家开始设计姓名牌。）

老师 1：

好的！大家应该都设计好了，那么由我开始吧。我叫罗伯特·史密斯（见图 1－2）。你们看我的姓名牌上除了有“手”型标志外，还有个网球拍，因为我很喜欢打网球。“史密斯”这个姓在英文中代表工匠，就是用手做工的一群人，比如银匠或者铁匠。我喜欢教调解这门课程，因为它可以整合理论和实践。

图 1－2

老师 2：

你们好！我是一名法官。你们看我姓名牌上右侧的这个图像是一个天平。我叫莉莲·美兰达（见图 1－3）。“美兰达”这个姓很有名，这跟以前的一个案例有关。当年，有一位男士也姓“美兰达”，因犯谋杀罪被捕。他先是认罪，被判犯有谋杀罪。但他后来提起了上诉，理由是警方当时没有向他提出警告：他的一些言词有可能造成对他自己不利的判决结果。最后，他胜诉了，被改判为无罪。也因为这个案例，后来引申出所谓的“美兰达警告”。因译法不同，“美兰达警告”又

图 1－3

称“米兰达规则”“米兰达警告”。

老师 3：

各位好！我是温蒂·葛申刚。这个名字源于波兰语，意思是公羊的角。这个姓的背后还有个故事：我丈夫的祖辈当年住在山顶，当时他们的工作是当看到山下有强盗来袭的时候，就吹起羊角做的号角发出预警。

老师 1：

（走到学员们中间）现在轮到你们了。你们都看到我们刚才的自我介绍了，现在就请各位也把自己的名字写在姓名牌上。我希望诸位介绍一下自己，讲讲自己名字的来由，像我们一样。介绍不必太长，简短一点（见图 1－4）。

学员 1：

我叫戴××，英文名叫 DYJ。谢谢！

老师 1：

较简短，下一位？

学员 2：

我叫 X 玲，我的小名是玲玲。坦白说，我不知道父母为什么给我取这个名字，所以我也说不上它的来由。

老师 1：

谢谢！我会记住“玲玲”这个名字的。下一位？

学员 3：

我的名字很简单，叫张××。我选择了两种颜色——绿色和红色，绿色代表生命，红色代表青春。谢谢！

老师 1：

除了红色和绿色，其实还有很多颜色可供选择。如果你们需要用其他颜色来“创作”的话，可以随时上台来拿更多的彩笔。好的，下一位。

学员 4：

老师说可以多用一些颜色，所以我觉得论颜色的话，我的设计所用到的颜色是最多的！我的中文名叫周××，英文名叫 Evan。为什么取这样一个英文名呢？因为我喜欢一个叫三毛的作家，她的英文名叫 Echo，所以我就取了一个以字母“E”开头的英文名字。Ok！我希望大家能够记住我，谢谢！

老师 1：

这是个很好的故事，谢谢！有请下一位学员。

学员 5：

大家上午好！我的名字叫范××。我画的这幅图，大家看看像不像山峰？同时是不是又像天平？因为按照中国的"八卦"，我是属"火"的，所以我选择了红色，代表红红火火。

图 1-4

学员 6：

各位好！我的名字叫胡××。我的英文名字叫"Flyfree"。我希望通过这个名字表达我的一些想法——我希望自由地飞翔。谢谢！

学员 7：

大家好！我的名字叫×梦佳。我的名字在 Google 里的英文翻译是"Good Dream"。这个名字刚好和唐朝诗人张九龄的《望月怀远》中最后一句诗——"不堪盈手赠，还寝梦佳期"有关。我姓名里的两个字都在这句诗里面了。于是，我在姓名牌上写下了这句诗，还画了星星和月亮。谢谢！

老师 1：

的确是一个很美妙的故事！下一位？

学员 8：

好的。我主要是想通过叫名字来拉近我们之间的距离，建立友好的关系，因为这涉及文化传统的问题。另外，我的英文名字叫 Down，也不知道这么取名科不科学，但我很喜欢。谢谢！

老师1:

哦，这很像是唐老鸭的名字——Donald Duck。（学员们被老师的幽默逗笑了）还有下一位吗？

学员9:

谢谢。我妈妈怀我的时候，说如果生的是个女孩，就取名×丽，于是我的名字叫×丽。我的英文名字叫Lily，是我喜欢的一位英语老师给我取的。她希望我像百合花（lily）一样永远漂亮，同时也希望我结婚后的爱情能够像百合花一样纯洁、美好。谢谢！

老师1:

很棒！大家的姓名牌都设计得很好，都很有自己的想法。

（三）游戏启示

第一，这个游戏可以应用于调解实训教学的第一课，通过“设计姓名牌”游戏，可以让老师与学员、学员与学员之间相互认识，迅速活跃课堂气氛。一方面，通过对各自姓名牌的讲解，大家了解到的不仅是各自的名字本身，还有各自的兴趣爱好、背景等，有利于在彼此之间建立共同话题；另一方面，通过老师带动学员发言，有利于形成一种“互动式”的教学模式，增强调解实训课程的效果。

第二，这个游戏还告诉我们在调解开始前通过与当事人之间的简单交流能够形成良好的调解氛围。在调解开始前，调解员与双方当事人简单地打招呼或自我介绍，不仅可以快速拉近与当事人之间的距离，而且可以提前获得当事人的一些基本信息，为后续的调解做准备。此外，参与调解的人员有时不仅限于当事人，还可能有代理人、亲人、朋友等。此时，调解员可以组织参与人相互认识，这有利于为整个调解营造轻松的氛围。

二、这个鸡蛋给谁吃

（一）游戏规则

所有学员两两分组，以组为单位展开游戏。游戏的场景是在两个人都很饿的情况下，一组的两位学员必须通过谈判协商的方式分吃一个鸡蛋。每一组的两位学员均需要展开想象力，通过各种途径说服对方，从而得出分配鸡蛋的合理方法（见图1-5）。

图 1－5

（二）游戏过程

老师：

现在大家都很饿，但是我们鸡蛋的数量有限，只能保证每两个人分到一个鸡蛋，因此你们要就谁来吃这个鸡蛋进行分配。请大家注意游戏要求不能是简单的一人一半的分配，必须进行深入的、切实的谈判过程。

现在我们就把鸡蛋发下去，请大家就鸡蛋分配展开谈判，游戏时间为三分钟。

（老师按照每两个人一个鸡蛋的方式分发鸡蛋，学员之间开始就两人如何分配鸡蛋展开谈判。）

老师：

好，现在时间到了。我想知道你们是如何分配这个鸡蛋的。

学员 1：

我们的谈判结果是：我们每人一半，但是不是单纯的一人一半。我爱吃蛋黄，他爱吃蛋白，所以我分得蛋黄，他分得蛋白。

老师：

那请问你们两人是一开始就彼此向对方表明个人喜欢吃鸡蛋黄或者鸡蛋白的想法吗？还是说有一个试探对方立场的过程，最终才透露自己的想法？

学员 1：

当然不是的，首先是规则不允许我们直接一人一半；其次是在谈判的开始，我也不可能一下子透露自己不喜欢吃蛋白的情况，那样就会对自己不利。

学员2：

是的，我们也是提了好多种其他方案之后，才由我提出，我只要蛋白就可以。

老师：

那可以问一下你们是怎么分配方案达成的吗？

学员1：

刚开始我说我年纪小，他应该让着我，所以应该全部给我。他不同意，他说年纪虽然有差别，但是都是成年人，不存在谁让着谁的问题。那我就说你可以提方案。他说他饭量大，他吃一多半我吃一少半，我自然不会同意。

学员2：

后来我说我们两个把鸡蛋卖了，换四片面包，这样可以一人吃两片，比吃鸡蛋解饿。结果他说游戏规则应该不允许，所以最后没办法了，我就提出我吃蛋白，他吃蛋黄。结果他犹豫了一下，后来就同意了。

学员1：

恰好我只喜欢吃蛋黄，我对他拿蛋白、我拿蛋黄的方案很满意，不过我还是装作犹豫了一下，才最终答应他。

老师：

那你还是很有经验的谈判者，知道不能一下子暴露底线。

学员1：

我刚开始说我年纪小，要他全部让给我，也只是随便说的一个理由，我知道他肯定不会同意的。但我还是这样说了，就是名进实退，即使他不同意全部给我，也至少会给我一半。

老师：

嗯，这是一个比较聪明的传导压力的办法。那其他组是怎样处理的？

学员3：

我们的谈判结果是：我不喜欢吃鸡蛋，所以我把这个鸡蛋让给他吃，但是他要给我 10 元作为补偿。

老师：

哇，他补偿你 10 元，那你是很会谈判的人呢。（面向另一位学员）请问你为什么会答应付 10 元给她呢，一个鸡蛋值不了 10 元啊？

学员 4：

不是的，在我这里这个鸡蛋就值 10 元。因为比赛规则给定的是我们都很饿了，而且规则没有说还有其他食物可以获得或者可以购买。在我看来，既然如此，获得鸡蛋是很重要的，因此事后付出 10 元是没什么大不了的。

老师：

嗯，讲得有道理，也就是说虽然大家认为一个鸡蛋值不了 10 元，但那只是常理，不代表每个人在特定的时刻都这样认为。你有你的需求，在我们游戏的场景里面，这个鸡蛋就值 10 元，甚至更多，因此你才乐意为一个鸡蛋支付 10 元。（面向学员 3）那么你呢，你又是出于什么考虑愿意放弃这个鸡蛋的呢？

学员 3：

他认为这个鸡蛋值 10 元钱，但是我没有那么饿，既然他愿意支付 10 元钱给我，我可以事后买 5 个鸡蛋。我只要稍微损失一点眼前的利益，就可以获得明显多倍的未来利益。

老师：

大家说一说，在他们两个人之间是谁赚了？

学员 5：

表面上看，是学员 3 赚了，因为她只要稍微忍耐一段时间，就可以获得好几倍的收益；但是我认为学员 4 也没有吃亏，他之所以愿意付出 10 元钱，是因为在他眼中现在这个鸡蛋就值 10 元钱甚至更多。因此，我认为这一方案是双赢。

老师：

嗯，说得很好，利益是与个人需求相关的，对每个人来说都不一样，因此表面上看似是“零和博弈”的问题，但只要打开思路，经常可以实现双赢。其他组是什么情况，请自由发言。

学员 6：

虽然我们的肚子都很饿，但是我们一致决定把这枚鸡蛋卖出去，然后把钱平分。

学员 7：

由于我们两位都不想让对方得到这枚鸡蛋，所以我们决定把这枚鸡蛋捐给其他没吃早餐的人。

老师：

嗯，很好，大家都是谈判专家，很好地解决了问题。好的，由于时间关系，我们游戏就先玩到这里。

（三）游戏启示

第一，双方当事人往往在纠纷中处于相互矛盾、无法兼容的立场，但是立场和利益，即当事人的主张与当事人的需求不一定是完全一致的。这一点在很多情况下连当事人也不见得有清晰的认识，因此，解决纠纷一定要从当事人的真正利益着手，才能最终解决问题。我们认为，如果分配鸡蛋的方案最终只是单纯的一人分得一半，那么这种纠纷解决的价值就显得十分有限，甚至可能给当事人留下再次发生纠纷的隐患。

第二，纠纷当事人往往不会很快地将自己的利益需求告知他人，而是分步骤去谈判，留下适当的谈判空间。因此，在调解过程中，调解员应该耐心细致，通过柔和的对话，逐渐把握当事人的心理动态，也从当事人的表达中收集和判断当事人的需求。

第三，即便是分一枚鸡蛋这样一个简单的、看起来是“零和博弈”的游戏，其实只要当事人有决心和适当的想象力，就能够很好地解决问题。很多情况下，当事人将自己与对方当事人的关系简单地假设为“零和博弈”。在“零和博弈”下，如果双方都不肯放弃自己的部分利益需求，就会使纠纷陷入难以解决的窘境。很多纠纷的解决就是通过当事人跳出“零和博弈”的思维模式，探索创造新的价值的可能，从而实现双赢的结果。

第二节　知识要点

一、冲突

（一）冲突的本质

冲突[①]的本质是什么，不同的人对此有不同的理解。有人认为冲突是利益的较量；有人认为矛盾是冲突发生的原因，冲突是矛盾产生的结果；有人认为冲突是不同力量的抗衡；有人认为冲突是为了“面子问题”；还有人认为冲突是对同一个事物不同认识的结果。应该说前述这些理解都有一定道理，都看到了冲突的部分本质或者特征。虽然人们对于冲突存在不同认识，但是大家都接受一个观点：冲突源于当事人沟通上的失败，即冲突主要源于沟通上的障碍。

从词源上来讲，英语中冲突（conflict）一词源于拉丁语中的configere，意思为“碰撞”。美国社会学家科塞认为：“冲突是在价值观、信仰以及稀缺的地位、权利和资源分配上的斗争，在这种斗争中，一方的目的是企图压制、伤害或消除另一方”[②]。张金鉴教授也认为，两个以上的角色（包括个人和团体）或人格（包括自然人和法人）因意识目标、利益的差异，以及其所引起的思想矛盾、语言攻讦、权力争夺或行为斗争，即冲突。[③] 与此不同的是，当代冲突论的代表柯林斯否认将冲突简单地定义为暴力（行为）或敌对（态度），而以相容性或不同的问题立场来界定冲突。他认为冲突始终包含着对立、争论、协调、交换意见、沟通、对话、建立关系和调整关系的一系列过程。柯林斯认为：

> 在这个意义上，一切社会中所发生的人与人之间的交往关系，都必然包含着冲突的因素……凡是存在人与人之间交往的地方，由于每

---

① 本书的写作主题是作为纠纷解决机制的调解，但因为援用社会心理学的原因，为表述方便，不区分冲突和纠纷两个概念。在本书语境下，冲突和纠纷的含义相同。

② 科塞．社会冲突的功能．孙立平，等译．北京：华夏出版社，1989：前言．

③ 张金鉴．行政学典范．台北：行政学会出版社，1979：362.

> 个人都试图达到满足其利益的目的，就势必在交往关系的展开过程中，用尽一切资源手段同与他发生关系的其他人进行协商和交换，以便通过多种形式的交换和协商，换取由他自身和他人两方面所提出的必要的让步。交往和协商的过程就是斗争的过程。①

我们认同不应简单地将冲突定义为外在的、暴力式的斗争行为或者态度，相反，冲突应当被界定为基于广义的利益诉求存在分歧而外化的立场上的矛盾对立。其中广义的利益诉求不仅仅包含金钱利益诉求，还包含各种实现主体多元需求的诉求，比如亲人或者朋友之间的情感利益、得到认可或者平等对待的诉求等。因此，冲突并非静止的、一次性的矛盾对立行为，而是逐渐变化、逐渐发展的利益诉求外显，并通过斗争、协商、妥协等实现的过程。

冲突从本质上看，包含了以下三层含义。第一，冲突是一种关系。冲突存在于对立的主体之间，从而排除个人自我人格层面的内在冲突。冲突的这一本质，提醒调解员在处理矛盾、解决纠纷时，应该从冲突的双方寻找根源，树立客观、中立的立场，不偏听偏信，不单方问责。

第二，竞争性诉求是冲突的动因。但这里的竞争性是广义的，它既可能是对立、不相容的诉求，也可能是具有妥协、商谈、合作空间的诉求。从这个意义上讲，调解纠纷，不只是消极地化解矛盾、避免破坏性后果；如果处理得当，也可以化“危机”为“生机”，出现皆大欢喜的局面，得到双赢的结果。

第三，冲突是一个过程。此种过程至少包括了冲突主体对竞争性目标的知觉、感受、意识、对立或紧张的形成，直至赤裸裸的攻击行为，敌意或紧张的消解等阶段。② 对于冲突的演化过程，可以参考社会心理学的冲突螺旋模型和九阶段冲突升级模型。③ 因此，调解员应该树立整体、系统的调解观念，不纠缠于细枝末节，而要追本溯源，找到问题的真正根源，方能对症下药，事半功倍。

---

① 高宣扬．当代社会理论（下）．北京：中国人民大学出版社，2005：982.

② 赵树坤．社会冲突与法律控制．重庆：西南政法大学，2007：13－14.

③ 谢勇，邬欣言，廖永安．社会心理学在调解中的运用．湘潭：湘潭大学出版社，2016：21－23.

基于以上论述，我们认为冲突是指两个或两个以上主体之间基于某种竞争性诉求，产生从心理到行动的持续对峙过程。冲突包含以下要素：第一，冲突是有目标的。这些目标包括权利、利益、地位、观念、价值或信仰，且冲突各方都意识到追求的目标具有不相容性。第二，基于不相容目标产生主体行动上的竞争与压制，即一方通过行动追求利益，势必会危及另一方的利益。第三，主体实现目标的交互行动，最终形成冲突的实际状态。

（二）冲突的功能

按照社会心理学的理解，冲突是社会交往的基本形式之一，冲突具有普遍性和必然性。我们应该把社会视为一个包含冲突与协调、吸引与排斥的统一体。一个内部完全协调和谐、成员与成员之间没有冲突的社会是不存在的。德国社会学家西美尔认为任何社会统一体都包含了两种发展方向：相一致的方向和相分歧的方向，一个一般情况下向心的与和谐的统一体仅仅是“联合”，不仅在经验上是不真实的，而且不会呈现任何真正固有的生命特征。① 在西美尔看来，一个没有冲突的社会是不存在的，相反，冲突是社会生活的精髓，是社会生活不可或缺的一部分。基于对冲突普遍性和必然性的观察，社会心理学认为冲突虽然在一方面具有破坏性和分裂性，会导致社会的功能失调、秩序破坏和财富损失，但是另一方面冲突也有正面积极的功能。美国社会科学家科塞总结了冲突具有以下的正面功能。

第一，冲突有利于明确和建立特定社会群体与其他社会群体的边界线，从而实现群体内部的团结。当一个群体的成员与外部发生冲突时，群体内部必然产生凝聚力，其自觉维护乃至捍卫本群体的价值规范系统，从而明确本群体与外部的边界线。通过冲突和冲突的解决，群体内部会产生明确的身份意识，即冲突促进群体成员产生“我和我们”“他和他们”的意识，从而将本群体与其他社会群体区分开来。

第二，冲突具有释放、宣泄和表达敌对情绪，从而缓释社会矛盾，起到“社会安全阀”的作用。一部分人可能看到社会冲突和纠纷的破坏性作用，但是如果一个社会缺乏矛盾和冲突的表达机制，其结果是敌对情绪的

① 西美尔．社会学：关于社会化形式的研究．林荣远，译．北京：华夏出版社，2002：179页。

积累，最终导致社会的断裂和解体。科塞提出了“社会安全阀”概念，他认为冲突可以导致社会群体与群体之间接触面的扩大，也可以导致决策过程中集中与民主的结合及社会控制的增强，它对社会的整合和稳定起到积极的作用。[①]

第三，冲突可以维持社会整体，提高社会整合度。西美尔认为随着现代社会的日益开放和异质性的增强，人们在财富、权利、利益、资源和价值等方面也出现更大的分化。个体之间、群体之间的交往和互动也日益频繁和复杂。冲突使双方都意识到必须建立一定的规范来调节其利益关系，因此得以形成新的社会规范，从而保障社会内在的协调与一致，促进社会的一体化，最终达成有效的社会整合。[②]

二、谈判

（一）谈判的概念和特点

什么是谈判？可能每个人对谈判的理解都不一样，有的人认为各方竭尽所能地争取其最大利益就是谈判，有的人认为谈判就是一个相互说服、相互妥协的过程，有的人认为谈判就是坚持己见、说服别人的过程，还有的人认为谈判不过是各方适当放弃自己的利益以求达到一个共赢的结果。尼尔伦伯格认为，谈判是人们为了改变相互关系而交换意见，为了取得一致而相互磋商的一种行为，是直接影响各种人际关系，对参与各方产生持久利益的一种过程。[③] 谈判的概念虽然简单，但是谈判的范围相当广泛，我们在生活中就经历着各种各样的谈判，买衣服时与商家谈判、工作时与对手谈判、处理生活琐事时与父母谈判等，可见谈判与我们息息相关。

谈判具有如下特点：第一，谈判与其他纠纷解决手段相比，其最大的特点在于谈判完全由参与谈判的当事人自行磋商并作出决策，而其他纠纷解决手段一般都有中立的第三方参与其中，或是居中协调者，或是最终决策者。第二，谈判的方式有双方谈判和多方谈判，这就意味着谈判主体必须为两方以上，并且一定存在着不同的立场。第三，谈判主体的基本立场是

① 科塞．社会冲突的功能．孙立平，等译．北京：华夏出版社，1989：60.

② 苑国华．齐美尔的社会冲突思想新论．大庆师范学院学报，2011（4）.

③ 尼尔伦伯格．谈判的艺术．曹景行，陆延，译．上海：上海翻译出版公司，1986：1.

为自己争取最大的利益。第四，谈判是一个既有竞争又有合作的过程。仅有竞争没有合作，谈判永远达不成；而仅有合作，没有竞争，那也就不存在谈判。第五，谈判主体一般都有自己的底线。谈判主体也许会随着谈判过程的推进而适当地放弃一些自己的利益，但这种妥协都不会越过自己的底线。

（二）谈判的基本技巧

谈判的过程中往往会遇到很多障碍，如出现僵局，双方无法继续谈判。一个优秀的谈判者应当具备基本的谈判知识，只有能够较为熟练地运用一些谈判技巧，才能打破僵局，使谈判各方最终成功达成一致意见。在冲突中，金钱利益并不是产生冲突的唯一原因，缺乏良好的表达与沟通，导致一方无法向对方表述自己的意见也是产生冲突的重要原因。因此，运用谈判解决冲突时，很重要的一点是双方互相听取对方的真实想法。要想成为一名出色的谈判者，需要了解阻碍合意达成的因素，并具备运用谈判技巧达成合意的能力。谈判中排除障碍、帮助双方达成合意的基本谈判技巧主要有以下几点。

1. 扩大谈判范围

扩大谈判范围简单地说就是把事情复杂化，扩大谈判的议题，使谈判的内容更加丰富，这样便可以使谈判各方更容易找到对方的立场并挖掘其背后的利益。如果谈判各方的议题只有一个，那么当各方各执己见、争论不休时，谈判便会陷入僵局。打破谈判僵局最好的办法就是扩大谈判范围，加入更多的谈判议题，以求从新议题中找到突破点。例如一起离婚纠纷案件中，夫妻双方想达成离婚协议，其中关于孩子在离婚后跟着爸爸还是妈妈没有达成共识，原因很简单，孩子不可能既跟爸爸又跟妈妈，必然要做一个选择。因此，这就构成了典型的“零和博弈”，即一方的获得必然以另一方的失去为前提，而且获得与失去的量对等。解决“零和博弈”的最简单的办法就是从“零和博弈”走向“双赢博弈”——具体说来，扩大谈判范围的做法为：可以提出，离婚后不带孩子的一方需要每个月支付多少抚养费、多长时间看望孩子一次等。总之，谈判的内容越丰富，双方继续谈判的可能性就越大，就相关内容达成合意的概率也越高。

2. 拆分谈判事项

拆分谈判事项指将整体的谈判事项分割成单独具体事项，并分别一一进行谈判。谈判的最终目标很难一次性达成，将议题一块块分割后可以先就小议题及容易达成共识的议题进行谈判，当一个议题无法达成合意时可以选择换一个议题继续。当某一个或几个议题达成共识后，双方对之前陷入僵局的部分便可能作出妥协，甚至之前陷入僵局的部分已经找到其他替代议题。如此，将分割后的议题一一进行谈判后可能已经解决了大部分纠纷，而支离破碎的难以达成合意的部分也可能因其他合意的达成而适当作出妥协。例如买卖双方就二手房屋买卖进行谈判，若双方直接就买卖合同进行谈判恐难马上达成合意。而如果将合同分割成交房日期、支付方式、屋内家具处置方式等具体事项一一进行谈判，则可能会有意想不到的效果。谈判各方的立场不同，其背后的利益也有所区别，如果卖方想要赚取更多的钱，那么其就可能要在屋内家具及交付日期方面作出妥协；如果买方想要快速入住，则他会在交付日期上与卖家好好协商，但在关于支付方式及家具处置等事项上则可能较容易妥协。随着谈判议题的分割、谈判内容的丰富，双方可谈判的议题也就更多，因此达成合意的内容也越多，进而提高谈判成功率。

3. 利用替代性解决方案

在谈判过程中往往有很多潜在因素会影响谈判的结果，如各方当事人是否有替代性解决方案。一个有价值的替代性解决方案能大大增加当事人的谈判力，使之在谈判过程中游刃有余；而没有替代性解决方案的一方相对而言则可能处于弱势，只能一条道走到黑，即便谈判成功，可能也并未获得更多利益。人们认为谈判实力是由财产、政治后台、身体状况、朋友、军事力量等决定的，事实上，谈判双方的相对实力主要取决于各方能在多大程度上承受谈判破裂的后果。[①] 谈判协议最佳备选方案（BATNA）越有力，当事人的谈判地位也就越强。例如上述二手房屋买卖中，若卖家因急需钱而急于卖房，则他可能在价钱、家具处置等方面没有优势；对于买家而言，如果他不急于入住，则他还可以看其他二手房，如若谈判无法达成，对他而言并没有什么损失。但就卖家而言，卖家没有替代方案将使其为此作出更多妥协。同样，谈判者也要考虑对方的最佳替代方案，对另一方的

① 费希尔，尤里，巴顿．谈判力．王燕，罗昕，译．北京：中信出版社，2012：102.

替代方案了解越多，对谈判的走向及结果就越有把握。实践中利用替代方法进行谈判的例子很多，如员工要求加薪升职，员工获得较强谈判优势的直接前提并非其工作能力，而是如果其谈判失败，员工有预备好的替代方案，比如已经找好了下一份工作。

4. 建立友好关系

朋友、邻居、同学、同事等关系有时在谈判中具有较大的影响力，倘若双方当事人是良好的朋友、邻居、同学、同事等关系，则他们在谈判过程中往往更容易达成合意，因为他们会顾及双方友好关系的持续。而若双方之间存在恶劣关系，则不可避免地会增加谈判难度。如房屋租赁合同谈判中，租客与房主的关系能够影响谈判的走向，相对于陌生人的租客，与房主是同学关系的租客显然更有优势。因为拥有同学关系的租客只要与房东不交恶，则将房屋出租给他的可能性就更大。同时值得注意的是，谈判者之间良好的关系并非仅指在谈判之前就已经存在的，也可以是在谈判过程中慢慢形成的。谈判者可以利用某件事或者某个人拉近彼此之间的距离，使双方能够心平气和地坐下来进行谈判，而不至于在谈判过程中剑拔弩张、针锋相对。

5. 有效传递信息

谈判的过程是一个信息相互碰撞、交换的过程。谈判者在信息交换过程中不断收集对方信息并猜测对方行动策略而随时调整己方策略。因而，信息的有效传递是谈判顺利进行的保障，也是谈判成功的前提条件。谈判中的信息传递是靠谈判者之间的交流实现的，沟通交流越顺畅，传递的信息也就越丰富，但这并不能表示所有传递的信息都能被对方所接收。有效传递信息并非易事，如关于双方谁先表达有关信息，有时都会成为双方之间的较量，双方都害怕先释放有效信息而使自己处于劣势。此时，因急于达成合意先告知信息的一方在下次交锋前需谨记上次自己是最后提议方，可以表示在对方未给予回复前绝不再次透露相关信息。同时，有提议就会有反提议，常常因一方先给予了提议而另一方的回复便可能是反提议。每次的提议和反提议都是之后谈判的信息来源。通过提议、回复与反提议等信息的传递让当事人能了解与谈判议题相关的更多信息，进而有助于达成合意。

三、调解

（一）调解的概念

根据布莱克法律词典的定义，调解是第三人涉足两个对立的当事人之间，引导、说服和促成他们和解的过程。[①] 美国法律界[②]和调解实务界没有专门对调解进行界定，但是大家都认同调解是有中立的第三方协助的谈判过程。美国人认为调解与谈判、仲裁、诉讼一样是一种纠纷解决机制。美国得克萨斯州调解专家弗兰克·伊利奥特（Flank Elliott）[③] 教授认为调解是一个短期的、私下的、结构化的、以任务为导向的、参与式的干预过程。调解过程中当事人在调解员的帮助下达成一个双方都能接受的协议。调解员是促使当事人达成一致的催化师，但是其不具有决定权，决定权由当事人自己掌握。因此，调解可以定义为由中立的第三方协助的、以达成和解的方式解决纠纷为任务导向的、以当事人自愿自治为基础的谈判过程。

（二）调解与谈判的关系

调解与谈判既有联系又有区别。两者之间的联系在于：第一，两者都是解决纠纷的一种手段。第二，两者的目的都是解决纠纷。第三，无论是调解还是谈判，都必须以当事人的自愿为前提，一方不能将自己的意愿强加给对方。第四，调解本质上来说是第三方协助的谈判，因此谈判或调解的大部分技巧可以互通，如谈判过程中经常使用的扩大谈判范围、拆分谈判事项等技巧都可以在调解中予以运用，这些技巧我们在后面会详细讲述。

两者之间的区别在于：第一，谈判仅由对立的两方或多方构成，而调解却有中立的第三方即调解员参与其中，这是两者之间最大的区别。第二，谈判不成可以转向调解，而调解不成一般不会转为谈判。如果谈判双方就谈判事项无法达成合意，此时请一个调解员居中调解是谈判双方不错的选

---

① 布莱克法律词典（网络版）：第 2 版．http：//the lawdictionary. org/mediation.

② 此处之所以引用法律界对调解的定义，是因为目前主要是美国法律界在研究美国调解，而从事调解实务的人员中绝大部分都是法律工作者。

③ 伊利奥特教授是美国得克萨斯农机大学（TAMU）的教授，曾任卫斯理大学法学院院长、得克萨斯州农业与机械大学法学院院长，从事调解工作 20 余年。

择。第三，谈判的成本一般要低于调解的成本。谈判是由当事人自行解决纠纷，而调解则需要请调解员来解决纠纷，因此其所花费的人力和财力将比谈判的高。

从根本上来讲，谈判和调解都是为了解决纠纷，而产生纠纷的根本原因是当事人在沟通不畅的情况下存在竞争性的价值诉求。谈判、调解、诉讼等纠纷解决方式的产生也均是缘于当事人沟通上的失败。如纠纷主要涉及“面子”问题时，双方当事人皆希望能出一口气，而在此过程中，最重要的是有人能够聆听到他们的心声。实践中，调解员也经常能听到当事人双方希望能彼此聆听对方。如在调解中，调解员可以帮助双方当事人传递心声，进而双方可以自由地进行对话，在调解员的帮助下了解更多对方的情况以便及时更新自己的行动策略，最终双方达成和解共识。

第三节　有问必答

一、冲突与纠纷等相关概念有何区别

问：冲突和纠纷是一样的还是存在区别？冲突与认识矛盾、敌对情绪等未呈现出来的分歧有无区别？

答：我们一般在生活事务、法律事务方面更多使用“纠纷”的表述，而从社会学、社会心理学角度一般使用“冲突”的表述。从调解化解社会纠纷的视角，纠纷和冲突并没有本质的区别。因此，在本书的语境下，冲突和纠纷是同义词，可以相互替换使用。

如果我们从调解解决纠纷的角度出发看待冲突，那么冲突自然应当是外显的、呈现出来的冲突，包括言语上或者行为上的对峙。但是从冲突发生的社会心理学机制来看，外显的冲突并非冲突的全部；至少从调解的角度出发，要想较好地解决纠纷，不应当仅仅关注外显的冲突表现，即症状；还应当关注纠纷产生的内在机制，如认识矛盾、敌对情绪等，即原因。前文也讲到了，对冲突的定义不应当是静止的、固定的，而应当将冲突看成从心理到行为的演化过程。

二、如何看待冲突的正面功能与纠纷解决的关系

问：既然冲突有形成群体界限、构成“社会安全阀”、整合社会资源等功能，那为什么还要大力发展多元化纠纷解决机制？

答：冲突是一种社会现象，其存在和发生具有必然性和普遍性——这是一个客观的事实判断而非价值判断。现代社会学和社会心理学在承认冲突的消极意义时，指出冲突具有形成群体界限、构成“社会安全阀”、整合社会资源的正面功能。冲突并非洪水猛兽，但是这并不意味着可以让冲突任意发展而不做处理。冲突具有正面功能的判断是有一个前提的，即社会冲突的可控性。但并非所有的冲突都会得到很好的解决，其也可能产生消极的后果。因此，自然应当大力发展多元化纠纷解决机制。当然，不是所有的纠纷都能得到有效解决，也不是任何纠纷都适合运用调解方式解决，因此，在多元化纠纷解决机制中，调解、协商、仲裁、诉讼都有自己的优势，都应当发挥作用。

三、谈判与调解有何根本区别

问：谈判和调解的根本区别是什么？

答：如前所述，调解是由中立第三方协助的谈判过程，所以从本质上来讲，调解就是一种特殊的谈判。调解的特殊之处在于由中立第三方协助。谈判作为冲突解决的机制，其发挥作用的前提是存在冲突——双方存在竞争性的利益诉求。由于双方当事人存在竞争性利益诉求，往往当事人不会开诚布公，而是会采用迂回曲折的策略，甚至掩饰自己的真实诉求。而在调解中，如果调解员有很好的沟通技巧，而且法律制度规定了调解保密原则，那么当事人向调解员袒露自己真实利益需求的可能性便会大大增加。除非谈判者非常具有技巧或者谈判者非常坦诚，否则经常会遇到谈判僵局，如果没有中立第三方，则谈判僵局很难被打破；在调解中，打破僵局的机会将会因为中立第三方的存在而明显增加。

四、如何在人数较多的情况下进行调解培训

问：如果调解学员人数很多，那么作为培训老师，有什么技巧可以让

培训更好地开展呢?

答: 调解是一门技术性的、实践性的学科，因此按照美国调解培训的经验，理想的调解培训课堂人数是 24 人，最多不超过 30 人。因为这样更容易分组，培训老师也能与学员展开一对一的辅导。

当然，这并不意味着很多学员参加的调解培训就很难开展。如果在 100 人以上的大班，课堂培训的方式和内容就得重新调整。首先，让学员对相关的题材进行阅读；其次由专家进行示范，不管是调解员的角色还是谈判者的角色，都先给学员一些专业性的经验示范；最后再由老师对其中所涉及的目标和概念作主要讲解。

在大班上课时，也可以要求学员进行角色扮演。大班培训与小班培训的不同之处在于：在大班分组之后老师不能对每一组都进行仔细观察。因此，有两个办法处理这个问题，第一是抽取代表组，公开进行演练并由老师公开点评；第二是更关注各小组在讨论后所作的报告。一般来说大班中各演练小组需要提交更长、更细致的报告。比如报告必须将双方的建议按顺序列出来，并列出调解员在促成协议之前所面临的困难和障碍，以及调解员对此是如何解决的。课堂上可以播放一些专家示范的录像片段，让学员看他们是如何做的。大班模式也可以达到课程预设的大部分目标，唯一欠缺的是老师不能在课堂上直接给予全部学员反馈意见。

第二章　调解的程序

第一节　游戏演练

一、十指交叉

（一）游戏规则

将双手十指交叉扣在一起（见图 2－1），观察最上面的是左手大拇指还是右手大拇指。然后将双手张开，再一次将双手十指交叉扣在一起，但这一次需要将另一只手的大拇指扣在上面。比较第二次十指交叉时与第一次十指交叉时的感觉。再多次重复第二次十指交叉的方式，体会感觉是否又有变化。

图 2－1

（二）游戏过程

老师：

我想请各位先做一个小动作，把双手的手指头张开，然后再交叉合起来。

（边说边示范双手十指交叉扣在一起，学员们按要求照做。）

老师：

你们在最上面的大拇指是左手的还是右手的？有谁是左手大拇指在上面的，请举手。

（一部分学员举手。）

老师：

右手大拇指在上面的举手。

（另一部分学员举手。）

老师：

再重新做一遍，手张开，这次要把另外一只手的大拇指放在上面。感觉如何？

（学员们尝试着改变双手十指交叉的习惯性方向。）

学员1：

喜欢第一次交叉的方式。

学员2：

有点别扭，不太舒服。

老师：

不舒服吗？别扭是吧？那你们觉得右手大拇指在上面是对的还是左手大拇指在上面才是对的呢？

学员3：

我觉得我右手拇指在上面是对的。

学员4：

每个人都有自己喜欢的方式吧。

老师：

其实这里没有什么对与错，只是其中有一种方式对你来说是舒服一点的，可能以前你一直这么做。再请大家将第二种十指交叉方式多做几次，有没有新的感觉？

学员 5：

没有刚刚那么别扭了。

学员 6：

感觉自己也慢慢适应了这种方式。

老师：

很好。

（三）游戏启示

“好的开始是成功的第一步”。在调解程序开始时，调解员应该尊重当事人的行为习惯，营造自在、舒适的调解环境。调解场所不是法庭，调解时不需要严肃、紧张的调解气氛。让当事人在调解中感受到舒适自在的生活气息，可以让当事人敞开心扉，进而促使调解成功。

“一回生二回熟”。在调解程序中，当事人对过去没做过的事情可能会觉得别扭。调解员需要慢慢引导当事人接受新事物，切忌急功近利。在调解员多次引导之后，当事人能慢慢习惯调解开始时所不适应的做法，促使调解在自在、舒服的环境下顺利进行。

二、生日排队

（一）游戏规则

所有学员分成四组，每组内所有人按照自己的出生日期来排队。1 月 1 日出生的站最前面，12 月 31 日出生的排最后，不用管出生的年份。整个排队的过程中不能讲话，使用手势或者眼神交流都可以。最先排好而且正确的队获胜，所以一定要排正确（见图 2－2）。

（二）游戏过程

老师：

好的，我想大家都听清楚游戏规则了吧？那我们就准备开始，再次提醒大家，整个过程不能讲话。一、二、三，开始！

（学员们用打手势等方式判断各自的出生月份和日期，很快就站成四队。）

老师：

如果已经排好队，请举手。特别注意，只要出错就出局了。好的，我

图 2－2

们刚刚记下来是这一组最先完成的，我们来核实一下。

（面向排在队伍之首的学员 1）请问你是几月几日出生？

学员 1：

我的生日是 1 月 2 日。

老师：

你是 1 月 2 日，那你呢？

学员 2：

我的是 3 月 15 日。

老师：

3 月 15 日，你呢？

学员 3：

我的生日是 3 月 20 日。

老师：

嗯，很好。3 月 20 日，那你呢？

（当老师问到该队伍中间某位出生于 5 月 4 日的学员时，发现该学员排错了，他显然应该站在出生于 5 月 14 日的学员前面。）

老师：

你是 5 月 4 日？哦，出错了！现在来看看另一队的情况。

（该队学员依次报 2 月 28 日、3 月 12 日……8 月 29 日、10 月 11 日、10 月 14 日……12 月 28 日，未出现错误。）

老师：

非常好！这一队是第二个完成的，而且全部正确，所以这一队赢了！请问一下你们是怎么做到的？

学员 4：

我们是通过打手势的方式来排序的。

老师：

你能解释一下吗？

学员 4：

就是我和队友打手势，像我是 4 月 6 日出生的，所以我就先伸手给他看，我伸出 4 个手指。然后我停一下，再伸出手比出 6，所以他就知道我是 4 月 6 日出生的了。

学员 2：

那如果是超过 10 的月份或者日期，你们怎么比的呢？

学员 4：

这里关键的问题是节奏，最复杂的问题是月份日期都超过 10 的，所以要首先比月份，我的诀窍是月份和日期之间一定要停下一拍。比如 11 月 12 日，先要比出月份，比月份的时候同时伸出两只手，左手一个手指，右手一个手指，意思是 11 月；然后有一个短暂的停顿。再左手伸出一个手指，右手伸出两个手指，意思是 12 日。

老师：

嗯，很聪明。不过我想问一下，那你这样做必须要求你的队员配合你，既要有耐心还要有默契，是吧？

学员 4：

那当然，这本来就是一个团队的事情。

老师：

对于做什么样的游戏，我们是经过精挑细选的。其实刚才的游戏并不是为了知道你们是几月几日出生的，大家说说游戏是为了什么？

学员 2：

学会沟通。

老师：

关于什么类型的沟通呢？

学员 2：

关于团队协作方面的沟通。

老师：

还有训练大家进行非口头的沟通。所以，今天我们第一组队伍可能要反思一下：在沟通方面还有哪些地方是有待改进的？

（三）游戏启示

生日排队的游戏看似简单，但在教学过程中，在短时间内完全排队正确的比例并不高。生日排队的游戏有很多启发意义，比如帮助学员认识和实现团队合作、如何高效沟通等。从调解的角度出发，生日排队游戏可以给我们以下这些启示。

第一，如果缺乏有效的沟通机制，简单的事情也可能产生误会。如果沟通不畅再进一步发展，就有可能出现小组成员面临来自其他成员的抱怨等，甚至有可能进一步演化为纠纷。在生日排队的游戏中，很多学员认为即便不通过语言，也可以通过比手势的方式来表达清楚大家的生日，从而实现正确排队，但是现实的演练结果是不到一半的队伍能够在有限的时间内排队正确。因此，建立有效的沟通机制是避免纠纷产生的重要方式。

第二，调解必须有一套科学、有效、接受程度高的调解程序。每个人都有自己对表达的不同理解和不同话语体系，调解员应做的重要工作是利用调解程序，帮助当事人进入共同的话语体系，从而顺畅地沟通，最终才能结合双方的利益诉求达成和解。

第二节　知识要点

调解整体的程序主要包括调解准备程序、调解主体程序和调解终结程序。其中，调解准备程序涉及了解案件、交换信息、安排调解等；调解主体程序是调解整体流程的核心部分，具体包括调解开始阶段、联席会议、单方会谈以及形成和解方案阶段等；调解终结程序则包括达成和解协议或者无法达成和解。

一、调解准备程序

一桩有效率的调解离不开充分的预备工作。[①] 调解准备程序，是指为了保证调解主体程序有效开展而进行的准备活动。调解员会积极组织纠纷当事人进行调前准备程序，如果纠纷当事人有代理律师，调解员也会邀请律师参加。调解准备程序主要包括了解案件、交换信息和安排调解等内容。

（一）了解案件

第一，了解案件的内容。与代理律师出庭前要了解案情一样，调解员在正式调解开始之前也需要熟悉案件。一般来说，调解员需要了解以下内容：一是了解纠纷当事人的基本信息。如纠纷涉及几方当事人、纠纷当事人之间的关系等。如果有需要，调解员还应该对纠纷当事人的家庭背景、学历层次、财产状况、亲人朋友等进行深入了解。二是了解案件基本事实。如纠纷产生的原因、案件的发展情况、证明案件事实的证据等。三是了解当事人的主张。如当事人主张的内容、当事人对该主张的态度等。四是了解与案件相关的法律规定、判例等。

第二，了解案件的方式。在美国，调解员是与法律密切相关的职业，许多调解员还具有律师等多重身份。因此，调解员有多种途径了解案件，主要途径有：一是调解员通过当事人提交的材料了解案件。如《国际商业仲裁贸易法委员会调解规则修正草案》第 5 条第 1 款规定：任命调解员后，每一当事方向调解员提交一份简短的书面说明，说明争端的一般性质和争论各点。调解员可从当事人提交的书面说明及补充材料中了解案件。[②] 二是调解员通过向当事人询问了解案件。调解员可以当面或者以电话的方式与当事人进行交流。实践证明“私访”是调解员了解案件的有力手段。经验丰富的调解员在调解正式开始以前，通常会与纠纷当事人或其律师进行私下会谈，以便听取当事人的陈述与纠纷解决方案。这一现象在私人调解领

---

① C. Moore. The Mediation Process：Practical Strategies for Resolving Conflict，Jossey，1996，p. 81. 转引自范愉．多元化纠纷解决机制．厦门：厦门大学出版社，2005：365.

② 《国际商业仲裁贸易法委员会调解规则修正草案》，［2019－05－31］. http：//qxw1539170149. my3w. com/html/2289. html.

域尤为普遍。[①] 三是调解员通过法律检索的方式了解案件。调解员虽然不提供法律服务，但调解员会经常进行法律检索，其目的有二：其一，从法律角度来看待双方当事人之间的争议，以便理解双方立场的法律依据。其二，确保调解形成的纠纷解决方案不违反法律的强制性规定。[②]

（二）交换信息

审前证据开示是民事诉讼的审前程序，主要指一方当事人可以根据该程序从对方当事人处获得与案件有关的事实与信息，以助于准备庭审。[③] 调解虽不具有类似于诉讼程序严格的证据开示制度，但调解准备程序中的信息交换仍然十分重要。

《国际商业仲裁贸易法委员会调解规则修正草案》第 10 条规定："调解员在考虑他相信最有可能导致解决争端的程度的情况下，可决定在什么程度上将当事一方告诉他的情况向当事他方透露；但他不应将当事一方在要求保密的条件下告诉他的情况向当事他方透露。"[④] 通常，调解员通过召开庭前会议的形式组织纠纷当事人交换信息。纠纷各方可以决定告知调解员一部分信息，并与对方互换信息。但对附有保密协议的信息，调解员不得向对方当事人透露。在调前会议上，调解员也可以带领纠纷各方讨论哪些是能够解决纠纷的关键信息，如合同纠纷中的合同书、医疗事故纠纷中的病历、交通事故纠纷中的责任认定书等。

对于调解而言，信息的交换具有如下意义：第一，信息交换有助于纠纷当事人做好充分准备，使之后的调解程序顺利进行，保证调解的效率；第二，信息交换可以避免在正式的调解程序中出现当事人信息严重不对等的现象，使调解程序更具公正性；第三，信息交换可以让纠纷当事人看到事物的两面性，让他们认识到自己主张不合理的一面，从而有利于纠纷双方作出让步，进而推动调解的进行。

（三）安排调解

第一，调解时间的安排。调解时间是调解准备程序中的主要商议事项。

---

① 范愉．多元化纠纷解决机制．厦门：厦门大学出版社，2005：365.

② 廖永安，覃斌武，史密斯．美国调解经典案例评析．湘潭：湘潭大学出版社，2013：9.

③ 乔雄兵．也论美国的审前证据开示制度．法学评论，2010（4）.

④ 国际商业仲裁贸易法委员会调解规则修正草案．［2019－05－31］．http：//qxw1539170149.my3w.com/html/2289.html.

关于调解时间的安排主要有两种情况：一是立即进行调解。双方在调前会议上就已准备就绪，或者基于纠纷解决的紧迫性，纠纷当事人希望在调前会议之后马上进行调解主体程序。如在法院调解中，可能由法官向双方介绍调解的概念后，如果双方当事人决定进行调解，则立即转入另一个办公室开始调解。二是定期进行调解。若双方需要额外的时间制定谈判策略，以便为调解做准备，则会希望将调解延期到之后的某个时间进行。

第二，调解场所的安排。调解场所是影响调解成功与否的重要因素。一般而言，好的调解场所应具备以下特征：一是中立性。一般来说，调解应该选择一个中立的场所，让任何一方都不具有心理上的优势。如果一方是被迫到对方的场所进行调解，可能会使客方感觉陷入敌方阵地，这将不利于调解的进行。二是私密性。在现代社会，人们的隐私意识日益提升。纠纷当事人不愿意将纠纷公之于众，他们希望在较为隐秘的场所进行调解。三是轻松、简约、实用。调解场所不要出现代表法律威严性的物件，如法槌、审判席等。调解场所可以配置一些壁画、盆栽、毛绒玩具等，让纠纷当事人感觉到舒适、自在的生活气息。调解桌椅最好采用长方形，其可以最大限度地利用空间，还有利于调解员及纠纷当事人之间的交谈和资料交换。

二、调解主体程序

（一）调解开始阶段

调解开始阶段是调解员与当事人初步了解的第一步，也是非常关键的一步。一个有丰富经验的中国调解员会在调解开始阶段通过闲聊和谈一些其他准备事项让当事人放松。很多中国调解员不重视调解开始阶段，一见面就开始进行“劝说式”的调解，这往往无法形成友好的调解氛围。美国调解中关于调解开始阶段的经验值得我们学习。美国调解的开始阶段表现得比较随意，调解员希望双方当事人撤下心理防线，试图营造一种友好的气氛。此外，调解开始阶段应该根据各当事方和纠纷本身的情况作出不同的安排。① 一方面，美国不同调解类型的开始阶段也有时长区别，比如社区调解和法院附设调解开始阶段的时长就不同。原因是当法庭转接一个案件

① 程波．美国调解技巧的社会心理学解读．湘潭：湘潭大学出版社，2016：89－90.

到其他调解项目之前，常常都向双方的律师介绍过一些调解的基本规则了，也就是说双方在社区调解之前就已经了解这些程序了，因此社区调解的开场介绍时间会比较短。另一方面，不同种类纠纷的调解开始阶段的安排也有不同。例如，在有关孩子监护权的案件中，调解开始阶段的介绍应较为具体，因为它要为可能长达数月的调解会谈奠定基础；而在调解保险和商业纠纷中，当事方通常由律师代理，调解的持续性时间也较短，故调解开始阶段可以比较简短，主要涉及调解的规则和保密性、公正性的问题。

为了更好地助推纠纷的有效解决，调解员的首要工作是获得双方当事人的信任及消除双方的紧张关系。因此，调解员在调解开始前首先要进行一个简短的开场白和有关调解程序的介绍，以期为双方当事人提供安全感。有经验的调解员往往会将基本信息介绍环节变成交谈，以求在开场环节便找出双方的一些共同点并建立信任关系。下表（见表 2－1）是调解员为获取双方的信任而需向当事人介绍的基本要素。①

表 2－1　　开场白与调解介绍的基本要素

开场白	（1）调解员自我介绍，主要包括：姓名、执业资格、执业情况等
	（2）问候当事人并对当事人的出席表示感谢
	（3）询问当事人的姓名，确定调解过程中纠纷当事人的称谓
	（4）询问当事人之间、当事人与争端之间的关系
	（5）确定决策人是否出席或必要的当事人是否缺席
调解介绍	（1）介绍调解是一个自愿的过程
	（2）声明无利益冲突，说明调解员的中立地位
	（3）介绍调解保密原则
	（4）介绍调解程序和调解规则

1. 开场白

开场白的第一步是自我介绍。调解员需要介绍自己和自己所在调解机构的基本情况，并要求双方当事人进行自我介绍。美国调解员在介绍自己的时候特别讲究技巧，使自我介绍成为一个轻松随意的过程，他不会把自己的简历照着念一遍，也不会像在法庭上那样询问当事人。调解员的经验和资质是一个比较关键的信息，多年的经验和良好的资质能够赢得双方当

① 廖永安，覃斌武，麦茨．如何当好调解员：谈判调解实训教程．湘潭：湘潭大学出版社，2016.

事人的信任。但是如果传递这个信息的方式不妥当，有时候可能会造成不良的后果。例如，调解员是一名经验丰富的法官，若其自我介绍的语气不适当，可能会给双方当事人造成心理上的压迫感。美国调解员不会一直自我介绍，而是像聊天一样和双方当事人进行交流。比如，调解员会特意地询问双方当事人是否要喝咖啡或者饮料，或者询问双方当事人的家乡、教育背景、职业等。这样无形中就拉近了调解员与双方当事人的距离，使双方当事人处于比较放松的心理状态。

2. 调解介绍

调解员在介绍信息过程中尤为需要注意以下几点：一是调解自愿，对于是否决定调解、是否签订调解协议以及中途退出调解程序等，当事人都有自主决定权。调解员只主导调解程序，不决定案件结果。在调解过程中，调解员只负责引导当事人进行调解程序，即为双方解决纠纷提供一个平台，纠纷解决方案只能由当事人决定。二是调解中立，调解员在调解过程中如同法官在诉讼中一样，必须始终保持中立，不偏袒任何一方。三是调解保密，整个调解过程是秘密进行的，即调解过程中的任何言论不得公开，也不得作为诉讼或仲裁的证据。四是调解员不出庭作证。调解员不就调解程序中的任何问题出庭作证。五是建立安全感。调解员在调解初期需要稳定当事人情绪，提供安全的环境和保持轻松舒适的氛围，让当事人感受到尊重，而愿意接受调解并透露出更多信息。

（二）联席会议

调解开始阶段过后，调解员一般是采用联席会议的方式进行调解。联席会议又称全体会议或面对面会谈，是指纠纷双方在调解员组织下进行的调解会谈。究竟先采取联席会议还是单方会谈，没有限定，但是调解员一般都会先采用联席会议的方式。其最重要的理由是使双方当事人相信调解员的中立性。先采用联席会议的方式，能让双方当事人认识到调解员对他们是同等对待的，且双方当事人也能看到调解员与对方的交流是在自己在场的情况下完成的。反过来讲，如果调解一开始就进行单方会谈，至少后会谈的一方可能心存疑虑，怀疑调解员先与另外一方会谈是否有不良的动机。

1. 联席会议的目标

在第一次联席会议中，调解员要达到的目的是明确双方当事人的立场

(Position)。明确双方当事人的立场包括以下几方面的内容：第一，调解员明确知道双方当事人的立场，知道双方当事人如何看待他们之间的争议，以及双方当事人主张以何种方案解决争议。第二，让一方当事人知道对方当事人的主张。让双方当事人均知道对方的立场有很多好处：首先是双方当事人会把自己的主张和对方的主张相比较，促成双方当事人认识到其主张的差距并考虑妥协的可能；其次是让双方当事人有机会换位思考，认识到对方的主张也是有道理的；最后是双方当事人对事实的认识也有差距，调解员在认识到这些差距之后，会引导双方当事人将自己对事实的看法直接陈述给对方当事人。

2. 联席会议的过程

第一，引导当事人陈述。在联席会议中，调解员会让纠纷双方分别做一段简短的陈述，一般由申请方开始。陈述的内容为纠纷的由来、争议的事实、请求的内容及理由等。在美国，如果纠纷当事人有代理律师在场，陈述通常会由律师主导，因为律师的陈述往往会更为清晰。但调解员通常希望纠纷当事人也能加入谈话当中，说出自己最真实的感受与意见。值得注意的是，纠纷当事人可能会在陈述中出现一些言语攻击等情绪激动的情况。为了缓和调解气氛，调解员可以提出警告，也可以用合适的方法打断其陈述，如端来一杯咖啡。如果纠纷当事人漫无边际地陈述与案件不相关的情况时，调解员应进行适当的提醒。调解员也可以针对案情提问双方当事人，由此引导双方当事人回到主题上来。在听取当事人陈述后，调解员需要梳理清楚案件事实，在直接言辞的环境下进一步把握案件，主要包括：明确知道双方当事人的立场，知道双方当事人如何看待他们之间的争议，以及双方当事人主张以何种方式解决争议等。

第二，确定争点与列出问题讨论议程表。争点即纠纷当事人之间的主要争执点。通过当事人多轮陈述以及调解员对纠纷当事人的提问，调解员可以准确把握纠纷的主要争点。调解员可以将其认为需要解决的争议事项书面列表，把之前笼统的争议具体化为若干争点，从而为后续问题的解决理清思路。随着对争点的深入挖掘，调解员可以据此对可能达成协议的争议范围予以甄别。根据争点的难易程度、轻重程度等将具体争点排序，形成问题讨论的议程。调解员可以在调解室内准备小黑板，在小黑板上形成问题讨论议程表，方便当事人清楚地看到纠纷解决的进程。当然，争点的排序不是绝对的，调解员可以根据当事人态度改变、新事实出现等调解进行的情况及时调整议程的顺序。

第三，适时转入单方会谈。联席会议与单方会谈的恰当衔接是调解进行的关键。当出现以下情况时，调解员可以结束联席会议，分别和当事人进行单方会谈。首先，纠纷当事人在第一次联席会议中往往表现出较为强硬的态度，不愿意妥协与说出自己的底线。当双方当事人都情绪激动或态度强硬时，调解员可以适时地转入单方会谈，以此缓和当事人情绪。其次，当调解陷入僵局时，纠纷双方在具体争点上出现严重分歧或长时间达不成合意时，调解员可以适时地转入单方会谈。

（三）单方会谈

单方会谈又称单边会谈、背对背调解等，是指调解员与纠纷一方当事人单独进行会谈。在联席会议之后，调解员一般会和当事人分别进行单方会谈。

1. 单方会谈的目标

开展联席会议的目标是明确双方当事人的立场，而进行单方会谈的目标是挖掘当事人立场背后的利益。当事人的立场是其对争议的态度和主张，与立场背后的利益（Interest）不同。例如一对室友甲和乙因为争抢一个橘子而发生争执，双方都想要橘子，这是双方的立场。[①] 但是为什么要橘子，则是双方想要橘子的利益所在。可能甲需要橘子肉制作橘子汁，而乙则需要橘子皮制作橘皮蛋糕。如果调解员挖掘出来双方争抢橘子背后的利益——一个要橘子肉、一个要橘子皮，那么这个争议将迎刃而解。在美国调解中，立场和利益是一对非常重要的概念，调解员对这两种不同信息的挖掘对调解是否成功而言，至关重要。

2. 单方会谈的过程

第一，安排好未进行单方会谈的当事人。调解员在与一方当事人进行单方会谈前，应安排另一方当事人在休息室休息。休息室的条件应与调解室不相上下，避免让一方当事人觉得自己受到了不公平的对待。

第二，重申保密原则。在单方会谈时，调解员应告知当事人：调解员

① 这个案例出自2012年6月美国马萨诸塞州大学、马萨诸塞州法官协会与湘潭大学共同举办的美国调解培训课堂。本书作者已征得授课专家同意，可以使用本案例。

在单方会谈中获得的信息除经过当事人同意以外，不会向另一方当事人透露。在调解过程中，基本上美国各州都有类似的保密特权规定，因此当事人可以在单方会谈中畅所欲言，不需要有所顾忌。

第三，让当事人进一步分享信息。调解员应营造轻松的氛围，使当事人做更多的陈述。在当事人陈述时，调解员不宜催促和打断，应建立起当事人对调解员的信任，使当事人更加真实地表达观点和感情。

第四，深入挖掘当事人背后的利益。在联席会议中明确了双方的立场之后，调解员在单方会谈中需要做的重要工作就是挖掘当事人立场背后的利益。美国调解实践表明：在立场冲突的情况下，利益不一定冲突；当事人往往不理解对方的立场，但是在得知对方立场背后的利益后往往能够在一定程度上理解对方。挖掘当事人立场背后的利益，既可以在联席会议中开展，也可以在单方会谈中进行。因为当事人往往不愿意当面说出立场背后的利益，一般来说调解员在联席会议中仅仅进行初步的挖掘，而应将注意力集中在单方会谈中。调解员可以向当事人提出“为何采取某种立场，目标何在”“这个立场与目标重点有何关联”等问题。

（四）形成和解方案阶段

1. 形成和解方案阶段的目标

形成和解方案阶段的目标是促使当事人进入可能达成和解的区域，该区域是指在双方当事人的底线之上，能够满足当事人大部分利益诉求的区域。第一，调解员要善于利用当事人利益诉求的维度来促使当事人进入可能达成和解的区域。当事人的利益诉求可能是多种多样的，很多纠纷中当事人希望获得的不一定是金钱，或者不只是金钱。对当事人来说，可能达成和解的区域中的利益诉求常常不是一维的，当事人可能会为了获得感情上的利益而情愿放弃部分金钱利益，或者当事人可以为了获得一种形式的物质利益而放弃另一种形式的物质利益。比如一个负伤的职员也许宁愿要较低的人身伤害赔偿，但是要求雇主单位给其一份稳定的工作。第二，调解员可以调整当事人的利益诉求来扩大可能达成和解的区域。当事人在走入调解室的时候会对自己在争议中的利益诉求有一个大致的预期。然而，当事人的预期并不是一成不变的。美国调解有一些技巧可以调整当事人的预期，比如诉讼风险收益分析、参照点分析、法律评估和替代性的利益等，对此将在后文中详细论述。

2. 形成和解方案的过程

通过单方会谈挖掘当事人立场背后的利益后，调解员就能深入地了解当事人的真正诉求，进入形成和解方案的阶段。既然调解员了解当事人的真正诉求，就可以考虑哪些措施能够满足当事人的诉求。调解员应该注意当事人的诉求是单一的还是多元的；如果是多元的，调解员应该确定这些诉求之中哪个是最重要的，哪些是相对重要的，哪些是次要的。调解员应该衡量当事人利益诉求之间的共同点和差异点，考虑哪些方案可以同时满足双方当事人的利益诉求，而哪些方案则需要一方或者双方作进一步的妥协。调解员在这一阶段的工作有几个关键点：首先是将双方当事人的利益诉求传递给对方当事人；其次是协助当事人将自己的利益诉求排序；再次是帮助当事人认识妥协的收益和成本、不妥协的风险以及如何确定妥协的程度；最后是形成多种可以选择的方案。

就像是市场中的讨价还价一样，形成大致的和解方案需要一个过程。按照美国调解的经验，首轮联席会议之后，一般需要两轮单方会谈和第二轮联席会议，才能形成一个大致的和解方案。每一轮会谈形式的顺序和阶段性目的可以参见下面的表格（见表 2－2）。

表 2－2　会谈的形式与阶段性目的

会谈形式	阶段性目的
第一轮联席会议（包括调解开始阶段）	明确调解规则；赢得当事人信任；梳理案件主要事实，明确当事人的立场。
第一轮单方会谈	在首轮联席会议的基础上挖掘当事人立场背后的利益以及其他信息；调解员了解并协助当事人理解自己的利益诉求；将利益诉求分类并排序；调解员在当事人之间进行信息传递，促成了解。
第二轮联席会议	由当事人在接受调解员传递的信息之后，向对方表明自己的立场、利益（如果是可以公开的）、自己的诉求和诉求排序以及其妥协的意愿。
第二轮单方会谈	调解员进一步挖掘当事人的利益、进一步理解当事人的利益诉求及排序、调整当事人的心理预期、与当事人形成备选方案、将双方当事人的备选方案传达给对方、挖掘并排除达成和解的障碍。最终形成大致的和解方案。

以上会谈形式的顺序和阶段性目的只是一个简单的模型，如果有需要，

调解员可以安排更多轮次的会谈。总之，经过几轮的会谈，调解员要通过利益挖掘、信息传递、调整当事人预期等手段使当事人达成大致的和解方案。

三、调解终结程序

（一）达成和解协议

1. 巩固阶段性调解成果

在第二轮单方会谈的结束阶段，调解员要将双方的主张传达给对方，并形成主要的和解条款。调解员应当小心谨慎，避免因为细节问题导致当事人反悔。为保险起见，调解员不应当急于让双方签署和解协议，而是要巩固之前的阶段性调解成果。巩固调解成果的方式主要是让当事人确认自己的和解意愿及其能接受的和解条款。调解员可以口头复述当事人的和解主张，并询问当事人该复述是否正确，以及当事人是否有补充的意见。或者调解员可以按照当事人的意思将主要和解条款书写出来，请当事人签名确认。

2. 形成完整的和解协议

在完成了巩固阶段性调解成果之后，调解员可以再次召开联席会议或者分别与双方商量和解的细节，最终形成完整的和解协议。美国调解强调当事人的自愿性和自主性，调解员必须尽量采取迂回、谦抑的方式来进行调解。比如说，如果调解员认为对方开出的 10 万美元的赔偿条件是比较合理的，调解员不应该将其看法直接告诉这一方当事人；正确的做法是通过提问和对话，使当事人自己认识到 10 万美元的赔偿条件是比较合理的，并主动表态说“我接受”。从当事人自己口中说出来的承诺比调解员告诉当事人合理的条款的约束力要强得多。就和解达成一致之后，调解员应该准备好正式的和解协议文本。在美国法的体制下，和解协议就是合同，因此调解员准备拟定和解协议的条文就与拟定一个合同一样。一般的合同常见条款都应当写入和解协议中。常见的和解协议条款有当事人条款，和解内容及履行方式条款，和解履行完毕后的权利放弃条款、保密条款、协议的最终性与完整性条款、协议条款效力独立条款、律师费条款、调解费用条款、撤诉条款等。

（二）无法达成和解

如果调解不成功，则调解员需要及时宣布调解终止，并建议双方当事人采取其他合适的争议解决手段。在调解是由法庭命令或者建议而进行的情况下，调解员还应当及时向法庭报告不能达成调解的状况。调解结束后，纠纷当事人既可以一段时间后再申请调解，也可以放弃以调解方式解决纠纷，进而采取其他纠纷解决方式，如仲裁或者诉讼。

第三节　有问必答

一、调解员如何在调解程序中取得当事人的信任

问：在调解过程中，有哪些方式可以使调解员较好地取得当事人的信任？

答：调解过程中，调解员必须取得当事人的信任，有以下几种取得当事人信任的方式可供参考：首先，调解员应当利用自己的资历和经验优势，通过客观的实例说明自己的中立立场和态度。其次，调解员应申明调解的自愿性，尤其是强调只有当事人自己才有权做决定，而且当事人也有权终止调解程序。再次，调解员应当充分做好开场白，尤其是单方会谈肯定有先有后，一定要在开场白中预先说明，否则后进行单方会谈的当事人肯定会有所疑虑。最后，运用同理心（而非同情心）的方法，让当事人放松，并使其认为调解员和自己是站在同一立场的。

二、如何看待无法调解成功的案件

问：如果调解员遇到无法调解成功的案件，应当如何处理？

答：当事人之间的利益诉求产生冲突，主要基于以下原因：第一，一方或者双方当事人对自身的利益认识不清；第二，一方或者双方当事人对对方的利益认识不清；第三，对己方的利益需求表述不清或者有意无意地隐藏自己的利益诉求；第四，在初步尝试解决纠纷失败之后，对于对方态度有所怀疑，从而导致沟通的彻底失败；第五，在沟通较为顺畅而且认清

对方的利益需求的情况下，竞争性的利益诉求不相容。前述第一种情况，是当事人应当如何认识自身利益诉求的问题，即当事人理解自身利益诉求存在障碍的问题；第二、三、四种情况，是当事人之间沟通不畅的问题；第五种情况是当事人对利益需求认识清楚，但是对实现利益需求的途径存在僵化思维的问题。以上这五种情况，都可以通过引导当事人思考和对话实现顺畅的利益表述和妥协，最终解决纠纷。当然，的确也存在当事人之间的利益需求直接冲突，而且无法通过对话实现妥协或者通过扩大潜在（未来）利益空间达成一致的情况。对此，在调解确实不能解决纠纷的情况下，宣布调解失败，当事人也可以通过诉讼等其他方式解决纠纷。调解员应当尊重当事人的利益需求。

如果调解员运用调解技巧努力地进行调解仍不能调解成功，则调解员无须存在一种“调解未成功就是失败”的焦虑。绝大多数情况下，纠纷不能调解成功的原因往往是该纠纷本身不可能成功调解。而当事人拒绝沟通或者拒绝让步也是当事人的选择。因此，调解员无须因调解不成功而懊恼。事实上，不成功的调解也是能增进当事人对纠纷的理解，从而对他们采用其他方式解决纠纷提供间接帮助的。比如有的国家在调解相关法律中规定有“无争议事实”的确认制度，即便调解不成功，对无争议事实的确认也可以提高将来的诉讼效率、降低诉讼成本。

三、美国调解有哪些特色之处

问：美国的调解在整个纠纷解决机制中的地位、效力如何？和中国的相比有什么独特的地方？

答：美国调解是在美国社会好讼、20 世纪八九十年代诉讼爆炸的背景下发展起来的。美国调解顺应了民众解决纠纷的需求，经历了“自上而下”“从私到公”的发展过程，因此美国调解中政府主导的成分不强，具有明显的民间性、独立性、市场性的特征。值得强调的是，美国调解中有较大一部分是商业化运作的，知名调解员收费甚至比律师收费还要高。按照美国的法律框架，调解达成的和解协议在法律上被认定为合同，受法律保护，但不像中国的那样可以被法院司法确认，因此，美国调解产生的和解协议不能被强制执行。总之，美国调解相对中国调解有以下特点：一是高度的民间性和市场性；二是调解商业化运作，可以收费；三是和解协议被视为合同；四是高度实践性，从业者和研究者都不太关注法理问题。

四、如何看待商业调解机构收费

问：请简要介绍美国商业调解机构的收费情况？当事人是否心甘情愿地交纳调解费？

答：美国商业性的调解机构是需要收费的。如美国加利福尼亚州商业调解机构的调解员，一般的收费是每天 7 500 美元，工作 6 小时；金牌调解员每天收费 15 000 美元，还得预约排期，如果所委托的调解员不在同一城市，当事人还得付调解员往返的差旅费用，在途时间计费减半收取。在美国司法仲裁调解服务股份有限公司（Judicial Arbitration and Mediation Services，简称 JAMS 公司）中，中立第三人每天收费大多都在 5 000 美元以上，顶尖调解员/仲裁员每天收费 15 000 美元。JAMS 公司根据纠纷解决服务项目不同，有着不同的收费标准，例如调解与国际仲裁收费标准不同，调解案件申请费各方都需支付 450 美元，国际仲裁各方需支付 1 500 美元。纠纷解决收费清单包括三部分：调解员/仲裁员费、案件管理费和取消政策。收费标准并非由公司确定，而是以中立第三人自我定价为主，以当事人案件管理人与当事人律师协商定价为补充。①

一般来说，商业调解机构的收费会是前几个小时比较便宜，就像打折一样，但过了几个小时就不打折了。美国的商业调解机构虽然收费，但不会明知调解不成还继续拖时间收费——这样才符合职业道德的要求。总之，在商业调解的过程中，调解是收费的，但是调解经常能够取得很好的效果，因此美国的当事人愿意交纳调解费。

① 赵蕾．纠纷解决服务市场化运行的领跑者．人民法院报，2018-06-22（8）．

第三章　调解员的风格与策略

第一节　游戏演练

一、说说回形针的用途

（一）游戏规则

游戏分为两个阶段：第一阶段，全体学员分成 3～6 个小组，每个小组有一分钟时间讨论回形针（见图 3－1）的用途，说出回形针的用途最多的小组获胜。第二阶段，全体学员针对第一阶段中大家给出的回行针用途，重点回答两个问题：第一，回形针还有哪些用途是第一阶段中没有提及的；第二，在两个阶段提及的所有回形针用途中，哪个是最有创意的（判断标准为：超出一般的显而易见的其他用途，具有创造性但是又合乎情理）。

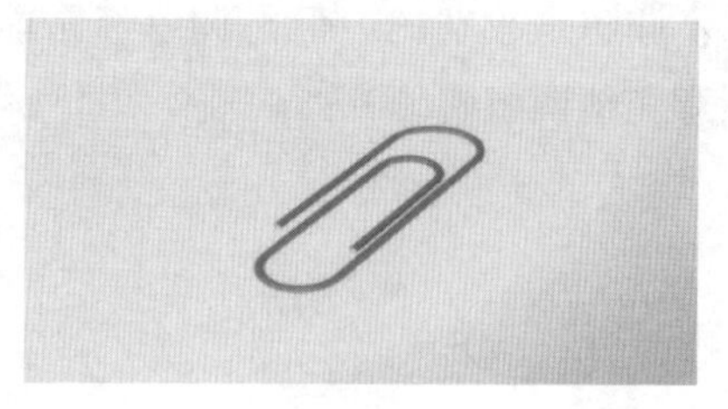

图 3－1

（二）游戏过程

老师：

请问各位，我们每天是怎么开始一天的培训呢？

学员：

热身小游戏。

老师：

嗯！现在每组三个人，最好是重新分组，与不同的学员组成小组。

（学员开始组合成小组。）

老师：

大家看我手上的这枚小东西是什么？嗯，对了，是枚回形针。它是用来夹文件的。现在，大家要思考一下：回形针还有什么别的用途？哪种用途是最佳的？

游戏开始后，各小组有一分钟的时间讨论，其中一位组员记录回形针的不同用途，最好是全部列出。第一环节由各小组派代表说出本组想到的回形针的所有用途，以及你认为的最佳用途，想到最多用途的小组是有奖品的。第二环节，我们采取“爆米花式”的随兴发言方式，请大家说出第一环节中未提到的其他用途。

在小组讨论与“爆米花式”的随兴发言中，我们都要运用“头脑风暴”或者说“脑力激荡式”的思维方式。“头脑风暴”有一些必须遵循的规则：一是不论别人的想法是什么样子的，都不能取笑别人；二是先不评估所提方案的好坏，尽量把更多的方案想出来，之后才评估这些方案。如果大家准备好了，那么我们开始！（见图3－2）

图3－2

（各小组的学员开始激烈地讨论回形针的不同用途。一分钟后，老师宣布时间到。)

老师:

好的，时间到！哪组先来呢？好，你们是第一组，你们觉得回形针有几种用途？

第一组学员代表:

至少五种。

老师:

哪种用途是最佳的？

第一组学员代表:

夹头发。

老师:

其他组还有什么不同的想法吗？

第二组学员代表:

我们发现至少有六种用途。

老师:

哪种用途是最佳的？

第二组学员代表:

(举起一叠别着回形针的纸张说）最佳的就是这种——夹文件！

第三组学员代表:

我们发现了八种用途，最佳用途是把它做成拉链的拉手。

第四组学员代表:

我们也找到了八种用途，最佳用途是把它们串在一起做成一个小手镯或一条小项链。

老师:

(向正在讨论中的第五组问道）你们还在探讨吗？在一分钟的时间里你们找出几种用途？

第五组学员代表:

十一种。

老师:

你们找到了十一种用途吗？各位相信吗？但是他们超时了……那你们

认为最佳用途是什么？

第六组学员代表：

当缝衣服的针使用。

第六组学员代表：

我们发现了九种用途，至于哪种才是最佳的用途，我们认为要看它是什么形状的：当它是直的时候有直的时候的最佳用途，而在弯的时候也有弯的时候的最佳用途。总之，其最佳用途取决于人的需要。此外，它还有一些特殊的用途，比如有时可用它来开锁。

老师：

詹姆斯和我都是当祖父母的人了，有时候孙儿们很顽皮，把浴室门反锁了，最后我们不得不用回形针打开门，正如你所说的。

老师：

现在每个小组都说过了吗？大家还记得我提过的“爆米花式”的发言方式吗？接下来，我们就采取“爆米花式”的发言方式。请问：除了以上所说的用途之外，回形针还有什么其他用途呢？大声说出来吧，不用按顺序！

学员 1：

可以当水果叉。

学员 2：

可作工艺品。

学员 3：

可作圆规。

学员 4：

可作丝巾扣。

学员 5：

可作牙签。

学员 6：

可作钩子。

学员 7：

可作清理细小东西的工具。

老师：

很好，你们的想法都很棒！对此，我们可以看出，小组讨论或大家一起思考比一个人单独思考能想出更多的主意，整组人讨论得出的方法可能比某个人单独想出的方法更好。接下来，我们讲讲做这个游戏的目的。一件物品有各种各样的用途，回形针是用来夹文件或者纸张的小工具，但并不表示它只能夹文件。通过这个游戏可以看到，大家对于回形针的用途有各种各样的想法，同样的，我们在调解中不应局限于单一的风格与策略，要考虑用不同的风格与策略进行调解。好了，现在到颁奖时间啦！

老师：

如果想出十一种用途的那一组得奖，你们觉得公平吗？

（虽然这一组的想法是最多的，但由于超时，几个学员喊出“No”。）

老师：

不行？（老师流露出非常惊讶的表情）哦，大家就像陪审团一样。那么除了这个组，哪个组想出了最多的用途？

第六组学员代表：

那我们就是最多的，我们想出了九种。

老师：

游戏规定的一分钟时间到了之后，第六组学员还有没有继续讨论？

第六组学员代表：

没有，时间结束我们就停止了。

老师：

没有？那好，这是奖品，一美元。除了这个奖项之外，我们还设了另外一个奖项，就是哪一组想到的用途最有创意。我们授课老师团队商量过，认为最有创意的用途是当成拉链的拉手，因此另外一个奖项将给这个组！

（三）游戏启示

通过“说说回形针的用途”小游戏，学员们可以获得两点重要的启示。第一，不同的人对于相同的事物往往有不同的想法，而且这些想法可以相互兼容，并不矛盾。正因为如此，在调解过程中，当事人或者调解员不应当局限于自己对纠纷的认识和判断，而应当更多地听取其他人的意见。第二，回形针的典型（常见）用途是用来夹文件，但是这并不意味着回形针没有其他用途。我们日常的思维习惯可能僵化了我们对事物的看法，因此在调解过程中，可以换一个新的视角，重新去审视纠纷的内容；而从另外一个角度讲，调解员可能结合自身的知识体系和工作经验，自然形成了一套自己的调解风格，并可能在所有的调解工作中都是采取这样的风格，这也是调解员应当避免的情形。

二、不能说“我”

（一）游戏规则

本游戏的名称叫“不能说‘我’”，顾名思义，游戏的规则就是在整个过程中不能使用“我”字。学员们将就指定的主题展开讨论，大家轮流发言，在讨论过程中，如果哪一位使用了“我”字，这名学员就出局，直到决出最后一位学员为止，该名学员就是胜者（见图 3－3）。

（二）游戏过程

老师：

下面我们做“不能说‘我’”的小游戏。请组员相互之间面对面站立，用两分钟时间来讨论哪种体育运动最需要技巧的话题。注意在讨论中不能出现“我”的字眼，如果谁讲了，就请坐下。要是组员听到组里有人讲出“我”字，组员也可以督促他坐下来。两分钟，计时开始！

（大家都在积极讨论，并努力地避免说出“我”字。）

图 3－3

学员 1：

从看运动会中发现体操最需要技巧，据我所知，奥运会中就设有竞技体操这一项目。哎呀，我说了“我”字，我得坐下了。

学员2：

打篮球最需要技巧，在传、投、拍、滚或运球中都需要技巧。从我打篮球的经验看，运球的技巧就很重要，运球时重心要低且要平稳，运球高度应该在腰以下，用眼的余光看着球，防止球砸到脚上。

学员3：

你也讲了“我”字，所以你得坐下。

学员4：

乒乓球最需要技巧，它是中国国球，包括进攻、对抗和防守。你们都知道，由于球体小而轻，攻防转换迅速，它要求你们在打乒乓球的时候必须在最短的时间内调动视觉、听觉等感觉器官，对变化着的来球作出准确的判断和反应。乒乓球技术的提高，终究还是依赖于你们多次的练习和比赛。

老师：

好，时间到。如果现在是站着的学员，请继续站着，不要坐下来。

（面对站着的学员问）你赢了吗？怎么赢的？

学员5：

我的答案是乒乓球。

老师：

在两分钟的讨论里，你怎么做到没讲出一个“我”字的？

学员6：

我用的是“你”字。

老师：

非常聪明的处理方式！我们在面对一些问题的时候，有时要忘记自己本身的立场，但是要做到这一点对很多人而言很难。因此调解员需要接受特别训练，学会不站在自己的立场和角度来看问题。如一些调解员在调解中会犯的第一个致命错误就是爱说“我”认为怎么样等。实际上，这个游戏告诉我们，调解员的风格应多站在双方当事人的角度思考问题，多聆听当事人的意见。调解员需要熟练掌握控制整个调解过程、提出问题、归纳当事人观点、协助当事人双方找到共同利益等方法，帮助当事人提出并分析解决方案。

（三）游戏启示

“不能说‘我’”小游戏是经过精心设计的游戏，旨在通过游戏让学员学会有意识地去摆脱“从我出发”的思维模式。在宣布规则时，学员们可能会觉得两分钟不讲“我”字是很容易做到的，但是在游戏过程中，不少学员都会因违反规则而出局。因此，我们从自身出发思考问题的思维模式是根深蒂固的。但是在调解中，调解员扮演的是协助沟通的角色，调解员本身是不应当带有立场的，因此调解员必须学会摆脱“从我出发”的思维模式，才能够从当事人的角度出发思考问题，从而最终有利于纠纷的解决。

第二节　知识要点

一、调解员的风格

不同的谈判者有不同的风格，按照美国俚语的比喻：有的人像乌龟会回避；有的人像老虎具有攻击性，喜好竞争；有的人像玩具熊一样温柔听话，包容性很强；有的人像狡猾的狐狸，虽然会妥协，但也会取得想要的；有的人像明智的猫头鹰，会寻求合作共赢（见图 3－4）。

不同的调解员本身也具有不同的风格。在调解中，调解员应学会运用不同的风格进行调解。关于调解员风格的分类，主要可以从以下两个方面的要素进行分析：第一个要素是调解员是从广义还是狭义的角度来看待“问题”；第二个要素是调解员扮演的是一种斡旋型还是评估型的角色。

（一）狭义型 vs 广义型

调解的风格也有广义型和狭义型之分。从狭义的角度看，调解仅关注双方当前争议的议题，专注于法律问题，事实与理由的交换以及金钱上的谈判。由于调解可以有法律、习惯、情理等多种依据，广义型调解所涉及的并不只是双方争议的议题，不局限于争议在法律上的是非判断，它还关注法律主张、在商业上未来的合作机会、双方之间关系的改善等（见表 3－1），以此发现双方不同立场背后的共同利益，打造共赢的空间。

Styles **Of Conflict Management**
冲突管理的风格

Turtle 乌龟	No Way 可躲就躲	Avoidance 规避
Teddy Bear 玩具熊	Your Way 也听你的	Accommodation 包容
Tiger 老虎	My Way 我说的算	Competition 竞争
Fox 狐狸	Half-Way 各退半步	Compromise 妥协
Wise Owl 智慧的猫头鹰	Our Way 大家共赢	Collaborative 协作

图 3－4

表 3－1　　广义型调解的主要关注点①

法律主张
未来的合作机会
关系的改善
良好声誉
当事人的满足感
恢复正义
高度的遵从于执行

由于诉讼是通过“起诉—答辩”“举证—质证”等具有对抗色彩及竞技因素的程序设计，形成当事人之间的利益对抗体，常常使当事人陷入“零和游戏”的困境②，因而部分调解员可能有这样的错误认识：在调解中，一方的立场与另一方的立场一定是背道而驰的，一方的利益必定与对方的利益格格不入。其实，广义型调解风格是要求调解员仔细考虑双方潜在的利益需求，发现双方共同或可调和的利益。共同利益有助于达成共识，一个满足共同利益的方案对调解各方都有利，并以此来达到双赢的局面。

关于共同利益，调解员必须牢记三点：第一，共同利益潜藏在双方的立

① See J. A. Wall，A. Lynn. Mediation：A Current Review. Journal of Conflict Resolution，1993，37：94－160.

② 廖永安，段明．我国发展“一带一路”商事调解的机遇、挑战与路径选择．南华大学学报(社会科学版)，2018 (4).

场背后，它们往往不是即时可见的。因此，作为调解员必须努力去寻找双方立场背后的共同利益。第二，共同利益需要具体化。调解中潜藏着共同利益，若简单地找出双方目前的共同利益还远远不够。若想发挥共同利益的作用，调解员必须开动脑筋，将共同利益具体化，并创造出一个满足共同利益的具体方案。第三，强调共同利益可以使调解更顺利。调解员在调解中明确提出共同利益，并使其成为双方的共同目标，将有助于调解的推进。当调解双方有一个共同目标，并且都朝着同一个方向去努力时，双方也更愿意换位思考对方的利益诉求，调解的氛围也将变得更加友好。

（二）斡旋型 vs 评估型

另一个调解风格的问题是，调解员究竟是扮演斡旋型的角色还是评估型的角色。斡旋型调解员的主要工作是帮助双方当事人进行沟通，找出其利益所在，并提出一些中立性问题，进而促使双方当事人认真地聆听彼此发言。评估型调解员除了做斡旋型调解员的工作之外，还会提出个人意见，如向当事人提出假如上了法庭，胜算有多少；如果判下来，费用花多少，同时也会建议，要达成和解需要采取什么行动等。

第一，斡旋型调解的含义、特点与操作方式。直到 20 世纪六七十年代，美国几乎还只存在一种调解模式，即斡旋型调解，或称辅助性调解。[①] 斡旋型调解的目的是避免立场之争，着眼于当事人潜在的需要和利益层面，而不是在严格的法律权利层面上与当事人进行沟通。在这种调解风格下，调解员控制整个调解过程、提出相关问题、归纳当事人观点、协助当事人双方找到共同利益、帮助当事人提出并分析解决方案。调解员不就调解结果向当事人建言献策，也不对法院判决结果进行预测。斡旋型调解可以概括为：调解员控制调解过程，当事人主导调解结果。调解员在斡旋型调解中，主要召集由各方当事人全体出席的联席会议，以便双方能够倾听彼此的观点与看法，同时也会经常采用单方会谈的方法，但都要确保当事人在信息对称、相互理解的基础上最终达成调解协议。在斡旋型调解中，调解员最重要的是耐心倾听当事人的主张。大部分的案件都涉及不同个性的两个人之间的关系，并且，其表现方式也不相同，因此即使案件事实相同，调解方案也会随着当事人的不

---

① 祖米塔．调解的模式：辅助型·评估型·转化型．赵昕，译．人民法院报，2010－08－06(6).

同而有所区别。如果对当事人的话不能好好倾听，就无法妥善引导当事人达成合意。调解员在倾听的过程中，不能只倾听案件事实的部分，还应仔细倾听案件背后的故事。

第二，评估型调解的含义、特点与操作方式。评估型调解是参照法官主持召开和解会议的模式发展起来的，评估型调解员通过向当事双方指明案件弱点，预测法院或陪审团判决结果来协助他们达成和解。[①] 评估型调解员可以就调解结果向当事人提出正式或非正式建议。他们更加关注当事人的法律权利而非其利益和需求。他们根据公正的法律理念对案件进行评估。评估型调解员通常采取分别会见当事人及其代理律师的方式，来帮助当事人及其代理律师评估法律立场，比较调解结果与诉讼结果的利弊。评估型调解员控制着调解过程，并直接影响调解结果。评估型调解通常出现在法院强制的调解或者委派的调解中。在评估型调解中，调解员需要做到站在当事人的立场考虑问题。调解员应顾及当事人的感受，要设想如果自己处于这样的情况下希望如何处理；要设想当事人首先会想到什么；要设想如何处理当事人才会接受等。只有站在当事人的立场，调解员在评估型调解中才能提出双方都能接受的和解方案。

第三，中国与美国使用斡旋型调解与评估型调解的比较。通过对美国调解经典案例尼尔诉张博合伙纠纷案[②]进行分析，可以总结出美国调解具有运用法律的程度较低、不收集和运用证据、调解员的风格谦抑、当事人自己提出

---

① 祖米塔．调解的模式：辅助型·评估型·转化型．赵昕，译．人民法院报，2010-08-06(6).

② 当事人尼尔与张博两家是世交，两人以叔侄相称。尼尔在张博的帮助下开店创业但陷入亏损状态。尼尔曾经表示要合伙，而张博没有明确反对，因此尼尔主张自己与张博是合伙关系，要求张博承担部分损失。张博则认为自己说赚钱平分，是因为估计平分的钱刚好够尼尔应付的租金，所以他们之间不是合伙关系。对于尼尔的无赖行为，张博非常愤怒。尼尔聘请律师打算起诉张博，但是在律师的建议下，两人进行了调解。调解员将本案调解的任务定位为修复双方受损的关系。调解员避免了进行法律分析，而是引导双方关注两家的友好关系，并帮助他们形成了和解方案。调解员特别强调自己的角色不是法官，因此也不裁决案件，而是协助双方探讨可能的解决方案。调解员不注意张博法律上的辩解，反而认为是否合伙根本不重要，重要的是按照当事人的意愿应该怎么办。调解员摸准了张博的心理：张博有能力也愿意帮助尼尔，但是他不能让自己商誉受损，也无法接受尼尔忘恩负义。调解员引导张博考虑尼尔的困境，最终张博自己提出，只要尼尔端正态度，愿意道歉，其可以借钱给尼尔，从而消除了本案和解的障碍。

调解、不盲目追求高效解决问题等特点。[①] 而中国调解的特点是运用法律程度较高、注重收集与运用证据、调解员的风格主动、调解员提出调解方案、将调解视为手段、注重高效率实现和解等。可以看出，中国与美国在主要使用斡旋型调解还是评估型调解的问题上，产生了迥异的立场：美国调解主张斡旋型调解，而避免进行法律评估；中国调解则主张评估型调解，强调法律评估。从理论层面分析，有学者指出，调解是当事人在中立第三人的协助下，进行谈判解决纠纷的过程，它表现为一种以当事人而非调解员为主体，以协商为主要内容的动态过程。[②] 因此，调解的本质属性是对话性与过程性，美国调解注重斡旋型调解、避免进行法律评估的特点更符合调解的过程性和对话性。从中国的调解实践来看，注重评估型调解所产生的调解手段僵化单一、调解与诉讼同质化等问题也日益明显。正如学者批判的："如果调解的最终目的仅仅是追求一种纠纷解决审判式的结果，调解将无从满足当事人的多样化需求，其诸多价值也就无从实现。放弃对多元价值的追求，也就意味着调解的制度优势荡然无存。"[③] 因此，我国应当借鉴美国经验，注重斡旋型调解的适用，避免进行法律评估，使调解回归其本质属性，顺应社会发展中价值多元的趋势。

（三）调解员风格的选择

调解员在进行风格选择时应主要考虑以下因素：第一，调解的目标。影响调解员调解风格选择的最主要因素是当事人的调解目标，即他们进入调解是为了修复关系，还是单纯为了经济利益。如果当事人的调解目标是修复关系，调解员通常会采取广义型调解风格，用一种斡旋型的做法来促进当事人双方沟通以修复他们的关系。如果当事人双方互不认识，比如交通事故中的双方当事人，他们的争议主要在于赔偿金额是多少。当他们的争议重点指向赔偿金额时，调解员就会采取狭义型调解风格，用评估型的做法来进行调解。

第二，调解所面临的障碍。如果双方当事人对赔偿金额和法律主张存在分歧，这时调解员提出个人的意见将有助于他们消除障碍。对此，调解员可

---

① 覃斌武．中美调解法律评估方法之比较研究．湘潭大学学报（哲学社会科学版），2014（6）.

② C. Moore. The Mediation Process：Practical Strategies for Resolving Conflict. 3rd. ed. San Francisco：Jossey-Bass Inc. Publishers，2003：15.

③ 李德恩．覆盖与节制——一个有关"审判阴影"的悖论．法制与社会发展，2010（2）.

能会主动采取评估型的调解风格，提出一些个人意见；也可能是基于双方的要求提出意见。因为调解员对所涉及的问题具备专业的知识，所以他此时提出的意见是很合理的。

总的来说，在社区调解中，因为调解员不是律师，也不具备某一领域的专业知识，所以他们一般会采取广义型的、斡旋型的调解风格来进行调解。但在商业纠纷的调解中，如果调解员觉得有必要，也会采取评估型的调解风格，通过为双方当事人提供个人的意见来促成其和解。先采取一种广义型的、斡旋型的调解风格来进行调解，然后根据当事人的调解目标及利益所在来进行适当调整，如果发现当事人有需要或有要求，调解员就可提供个人的意见来帮助当事人消除和解的障碍。

二、调解员的策略

（一）挖掘当事人立场背后的利益

“解铃还须系铃人”，无论是谈判还是调解，其解决纠纷的策略都应针对纠纷产生的根本原因。因此，挖掘当事人立场背后的利益是调解员最主要的调解策略，也是美国调解中最值得我们学习的地方。美国调解明确区分立场和利益。立场是指一方当事人在一件纠纷中所持的主张——即该当事人主张采用何种方案解决纠纷。利益是当事人立场背后的原因，当事人采取相应的主张实现自己的利益。但是利益和立场是有区别的，在一件纠纷中，双方当事人的立场肯定是相冲突的，而利益则不一定相冲突。只有厘清了当事人立场背后的利益所在，调解员才能根据其利益引导当事人。

当事人可以在实现利益的同时改变原来彼此冲突的立场，从而成功调解。美国调解的实践还表明，当事人对自己利益的理解也可能出现偏差，这就为调解员的工作提供了空间。通过与当事人谈话，追问当事人采取相关立场的原因，调解员就能引导当事人认识到自己的真实利益所在。调解员能够协助当事人将自己追求的多项利益排序，确定各项利益的优先顺序并引导他们思考是否能够放弃排序靠后的利益来确保获取排序优先的利益。总而言之，只有挖掘当事人立场背后的利益，才能够形成真正符合当事人利益的争议解决方案。

尽管美国式的调解和我国目前以人民调解、法院调解为主体的调解在技巧上存在较大不同，但是现代调解的发展方向必然是从压制型的、诱劝型的调解走向协助沟通型的调解。在协助沟通型的调解中，真正关键的不在于调解员的权威或者口才，而在于尊重当事人的意愿，帮助当事人认识自己真正的利益诉求，协助当事人展开平等对话。从这个意义上说，挖掘当事人立场背后的利益，并且根据利益进行对话和创造性思维，形成和解方案，必然成为现代调解解决纠纷的根本策略。

（二）挖掘当事人立场背后利益的具体方法

要挖掘当事人立场背后的利益，其根本方法很简单，就是追问当事人主张的原因。但是追问时提问的方式不能过于简单，否则会让当事人反感。美国调解总结出几条有效的方法，调解员可以用来挖掘当事人的利益所在。这些方法包括：提开放性的问题、运用沉默使当事人主动诉说、表达同理心、总结及引出反馈等。

第一，提开放性的问题。所谓开放性的问题是指答案不是简单的“是”或者“不是”的问题，而是回答者可以自由陈述、解释、补充的问题。“你究竟有没有干这件事”是一个非开放性的问题；而“请你说一下那天你做了什么事”是一个开放性的问题。“你与你的上司关系好不好”是一个非开放性的问题；而“请你说一说你和你上司之间的关系怎么样”是一个开放性的问题。

第二，运用沉默使当事人主动诉说。对于当事人态度消极、不怎么开口讲话时，调解员保持沉默是改善局面的好办法。调解员适时的沉默，一方面可以促使当事人主动诉说，因为对大多数人来说沉默的局面是很难容忍的；另一方面可以给予当事人完整、充分的时间表达自己的利益诉求。

第三，表达同理心。所谓同理心是与同情心相近的一个概念，同理心是指站在当事人的立场考虑问题，对其看法表示认同的一种做法。比如，“你的狗死了，我非常理解你的感受，我也曾经养过狗，结果我的狗死了，我好难过……”

第四，总结及引出反馈。在一方当事人完成陈述或者回答完调解员的问题之后，调解员可以将该当事人表达的信息总结一下，并且在最后可以问这样类似的问题：“这是你刚刚所表达的意思，不知道我的理解对不对?”这样的做法既可以保证调解员和另一方当事人正确获得陈述方当事人的信息，同时也表明调解员认真地听取了当事人的意见——这是一种表示尊重、赢得信任的方法。

第三节　有问必答

一、如何在广义型调解中了解当事人的利益需求

问：在广义型调解风格中，调解员如何发现双方不同立场背后的共同利益，打造共赢的空间呢？

答：首先，理解立场和利益的关系。立场和利益是两个紧密联系的概念，在调解中有着非常重要的地位。立场是指一方当事人在一件纠纷中所持的主张，或者说该当事人主张采用何种方案解决纠纷。利益是指当事人立场背后的原因，当事人采取相应的主张实现自己的利益。在调解中，要想构建立体的谈判空间或者采用整合性的问题解决策略，都必须首先挖掘当事人立场背后的利益。只有厘清了当事人立场背后的利益所在，调解员才能根据其利益引导当事人。

其次，追问当事人主张的原因。要挖掘当事人立场背后的利益，其根本方法很简单，就是追问当事人主张的原因。但是追问时提问的方式不能过于简单，否则会让人很反感。调解员可以采用本章上一节知识要点中介绍的这些方法：提开放性的问题、运用沉默请当事人主动诉说、表达同理心、总结及引出反馈。

二、调解员是否需要进行法律评估

问：在调解中，调解员能不能对当事人的方案进行法律评估，通过法律评估说服当事人其提出的方案可行性，以此降低当事人预期呢？

答：调解不是诉讼，调解员也不是律师，如果调解员和当事人都从法律的角度来看待纠纷，那么调解与诉讼就没有了本质的区别。中国调解中较为普遍的做法往往是调解员运用法律对当事人进行说服教育，以分辨法律上的是非对错作为调解的基本手段。但在美国，调解就常常撇开法律上的对错，只需要当事人的同意就能达成调解。这也缘于自 20 世纪以来，美国社会的多

元化发展，导致利益需求的多元化，所以尊重当事人的意愿更符合社会需求。而我国当前也有类似的发展趋势，社会逐渐多元化，纯粹的分辨法律上的对错并不能成为矛盾纠纷彻底解决的方法。尤其是已经进入调解的纠纷，在当事人选择调解时，就意味着当事人存在希望通过法律以外的途径解决纠纷的想法，因此，也不宜过多地对当事人的提议或想法进行法律评估。

但是，这也并不意味着完全不能对当事人的提议或想法进行评估。相反，适当地对当事人的提议或想法进行风险评估有利于缩小当事人之间的心理预期，促进调解的达成。风险评估一般指的是调解员对当事人晓之以理、动之以情的过程，目的是让当事人知晓利害，在进行一系列的利益考量后，更倾向于以调解的方式解决其与另一方当事人的纠纷，主动作出让步、达成调解协议。风险评估并不排斥以法律的眼光审视纠纷，只是关于法律的建议并不由调解员提出。调解员可以通过鼓励当事人询问律师，通过律师了解相关的法律规定。调解员要做的事是帮助当事人考虑更多法律之外的事情，包括诉讼的经济成本、通过诉讼可能导致双方合作关系破裂而带来的一系列损失、当事人之间的友好关系、实现目标的效率等。因此，调解员在进行评估的时候，要引导当事人考虑尽量多的风险类型，包括诉讼风险、经济损失风险、名誉损失风险等。

调解员在想对当事人的提议或想法进行评估的时候，要选择适当的时机，只有在当事人同意的情况下，调解员才能提出。贸然地提出评估意见容易损害调解的中立原则，招致当事人的反感。调解员一旦提出个人的意见就有一个风险：有一方可能觉得调解员不再聆听他的意见了，似乎偏向另外一方，调解员的中立性受到损害。所以，调解员前期应该先跟双方建立互信、和谐的关系，调解员在评估中也要做到中立和公平。

三、美国对调解员资质有哪些要求

问：请问在美国怎么样才能当上调解员呢？

答：在美国并没有普适性的规定，每个州，甚至每个法院都可以制定自己的规则，不需要获得专业的许可，通常也没有专业认证的资格考试以及统一的培训内容。一般来说，经过 40 个小时左右的基础培训就足够了。

而关于法院附设调解中的调解员资格，在美国每个州都有一定的专业标准，对于他们要转接到民间调解机构的案件，也有一些基本的适用标准。关于调解主要的指引性和专业道德的标准，比如说在知情的情况下进行调解，以及自愿性、保密性规则，都是有规定的。如在马萨诸塞州，州最高法院也制定了适用于所有案件的规则。这些是由州最高法院制定的，任何法院都必须遵守。前面提到法院可以制定标准的意思就是说，在州规定的最低标准之下，他们可以增加要求，这些要求根据案件的性质而定。比如在家事法庭里，首席法官可能会要求负责处理这些家事纠纷的调解员有家事法的背景或者具备从事社工的经验。

目前，调解日趋专业化与商业化，在大量政府资助的非营利调解组织和其他民间自发组织的非营利调解机构出现的同时，也涌现出了许多商业调解公司。如JAMS公司是美国最大的一家替代性纠纷解决的私营服务机构。除了众多规模化的调解公司以外，还存在许多私人执业的独立调解员，他们大多处理专业性较强的法律纠纷。纠纷当事人可以协商选择调解机构或调解员。选择调解机构与调解员主要有以下几种途径：（1）如果纠纷当事人有代理律师，通常由双方律师主导选择调解员，在律师所在的律师事务所通常会有常用的调解员名单。（2）美国许多州的调解员会在法律类的报纸杂志上刊登调解服务广告，以供纠纷当事人选择。（3）许多调解员、调解机构都有自己专门的网站，当事人可以在网上进行比较选择。（4）如果案件进入诉讼程序，法院有自己的调解员名册供纠纷当事人选择。

四、如何寻找合适的调解员或调解机构

问：在美国这个自由市场社会，怎样找到合适的调解员？怎样找到合适的调解机构？比如在调解中，如果当事人发现调解员不负责任，他们是否可以去找另外的调解员，或者改用另一家调解机构？

答：首先，在社区调解中，当事人通常会去找非营利性的社区民间调解机构。该机构会直接指派调解员给当事人。通常在社区调解中，当事人是不能选择调解员的，但假如一方当事人跟某个调解员认识，另一方当事人对于该调解员在调解前、调解中或者整个调解过程中的中立性有怀疑，可以提出请该调解员回避。调解员应始终把握调解是自愿的，如果当事人不愿意进行下去了，任何时候都可以提出终止调解。

其次，在美国的法院附设调解中，调解员是法官指定的而不是当事人选定的。法院有责任确保指派给当事人的调解员是中立的，在当事人觉得调解员有偏见、不中立时，当事人可以通过各种途径告诉法院。因为不同的法院有不同的调解机制，所以不同的法院得到反馈信息的方式也不同。有的法院会设立一个投诉部门接受投诉；有的法院则专门任命法官负责监督调解。由于是法院附设调解，即使调解不是法院的主要工作，法院也会主动去监督调解。法院有时也会把调解转接出去，外包给其他调解机构。即便如此，选定调解员也是建立在自愿和保密的基础之上的。

最后，在商业调解中，人数较多的律师事务所或者商事纠纷解决机构一般都会有调解员名册。在商业纠纷中，通常都是由当事人的代理律师来选择调解员。如果一方当事人的律师选出一个调解员，对方律师会做背景调查。比如，对方的律师会在自己律师事务所认可的调解员名单中查一下，看看该调解员是否在名单中。如果名单中没有这位调解员，律师会询问所里的其他律师，或者其他的律师朋友；也许还会在互联网上寻找这位调解员的背景。当然，这些与社区调解或法院附设调解不一样。

在美国，调解员是不是公平可靠或者会不会不负责任不是个问题。美国的调解员通常不是政府官员或者法官，而且没有任何法官的权力。所以在美国做调解的时候，假如一位当事人来到一个民间调解机构要求调解，但他发现调解员可能不中立，具有欺骗性，可能偏向另一方当事人的时候，他可以直接跟调解员说“再见”。

中立性原则是调解的基本原则，如果调解员与案件处理结果存在利害关系，调解员则无法站在中立第三人的立场进行调解。因此，纠纷当事人合意选择调解机构或调解员后，调解员必须接受审查，以确保自己与该调解案件无利害关系，这种审查称为利益冲突审查。公认的利益冲突情况有两种：第一种是调解员是纠纷当事人的近亲属或与纠纷当事人有利害关系；第二种是调解员与案件的标的物或处理结果有利害关系。在美国，没有统一的调解员利益冲突审查标准，只有少数州规定个别情况下调解员与纠纷当事人有利益冲突的情况。但调解在美国是一种高度自治的行业，调解员大多数都具有较高的专业素养与职业操守。

此外，寻找合适的调解员还包括选择一位调解员还是多位调解员的问题。

调解实践中除了独任调解，还有合任调解的做法。所谓独任调解（Solo-mediation），是指调解程序由单独一位调解员主持完成。合任调解（Co-mediation）是指由两位或是两位以上富有经验的调解员协作主持，并完成同一个调解程序。

“谁能帮我解决这个案子?”“他真的是一个经验丰富的倾听者吗?能迅速解决我们的纠纷吗?”“他真的能理解我吗?”这些是许多当事人进入调解程序前的困惑。为了解决当事人心理上的困惑，为何不考虑一下合任调解的好处?有时候，退休法官和前律师的组合正好能为当事人提供完成这项工作的良方。中立的法官可能会给调解程序带来严谨，以及对于结果的风险预测，这能给当事人提供心理上的安定；而中立的律师也能提供专业的法律知识和灵活的沟通技巧，适时地观测当事人情绪的变化。协调合作常常可以在不增加流程成本的情况下完成，所以为什么不将其混合起来，尝试一个让所有人都更满意和更有效率的流程呢?如在美国马萨诸塞州，几乎所有类型社区调解项目都曾使用合任调解，其优点包括：(1) 平衡调解员之间不同但同样有效的观点（如上所述），为当事人提供更多选择；(2) 及时为当事人补充专业知识（例如，在公司交易的调解流程中，可分别配备具有法律和会计经验的调解员)；(3) 增强当事人对调解员的信任感，增进交流。[①]

① David A. Hoffman，Richard N. Wolman. The Psychology of Mediation，2013：779.

第四章　调解的基本技巧

第一节　游戏演练

一、线里线外

（一）游戏规则

所有学员按两人一组进行自由分组，然后每组学员面对面地站在直线的两边。游戏开始后，能在一分钟内让对面学员跨过线的学员将会获得奖品。

（二）演练过程

（老师首先在地上画了一条长长的线，并让学员自由分组。）

老师：

两个人一组，大家都分好组了吗？请分好组的学员，分别站在线的两边。

（老师看到，所有学员都已经在线的两边分别站好，于是接着说：）

老师：

计时，开始！

（学员们使用各种办法，试图让对面的人跨过中界线。游戏十分激烈，时间过得很快。一分钟后！）

老师：

停！游戏结束。请获胜的学员举手，我需要统计一下情况。

（老师将举手的学员全部挑选出来，然后指着获胜的学员说：）

老师：

这几位学员能够获得奖品，不过在获得奖品之前，你们要谈谈自己是如何让对方越过中界线的。哪位学员愿意做第一个分享的人？

（这时，一个学员率先举手，然后老师示意其可以发言。）

学员 1：

因为我比较强壮，所以我直接用武力把对方拉过线。

老师：

你是幸运的，但并不是每个人都有强壮的身体。你是怎么办到的？

（老师指着一个瘦瘦的人问道。）

学员 2：

我和我们组的另外一个人达成一个协议，即只要他跨过这条线，我们就平分这个奖品，然后我就赢了。

（那些输了的学员听了学员 2 的解释后，纷纷表示赞叹。）

老师：

你很聪明。还有没有学员使用了其他的获胜技巧？

学员 3：

我们和学员 2 一样，在游戏中也进行了谈判，并达成了一个协议。我们的协议是，两人在游戏中互换位置，这样我们两个人都能拿到奖品。

（其他学员们听后，十分佩服学员 3。）

老师：

目前为止，学员 3 的做法是最棒的，因为他让双方结果都最优化，每个人都能够拿到全部奖金。那么，还有其他的获胜技巧吗？

（学员们纷纷摇头。）

老师：

感谢刚刚 3 位学员的分享，游戏结束。

（老师分发奖品。）

（三）游戏启示

第一，从“线里线外”这个游戏中可以看到合作共赢的重要性，只有两个人相互协作才能做到既实现自己的利益，又维护对方的利益。调解不同于判决，判决作出的是“非黑即白”的判断，而在调解中可以着眼于未来利益，实现双方当事人双赢的局面。第二，从调解技巧方面看，“线里线外”这个游戏可以体现跳出现有框架思考、强调结果最优化、注重沟通技巧等。

二、聆听的力量

（一）游戏规则

所有学员分为A、B两组，每组学员从1开始进行编号，两组中号码相同的学员成为游戏搭档。整个游戏需要进行两个练习，A、B两组学员的任务不同，且不知道对方的任务（见图4-1）。

图4-1

A组任务：在第一个练习中，A组学员向B组学员分享一段自己愉快的经历；在第二个练习中，A组学员向B组学员讲述一件自己伤心难过的事情。

B组任务：在第一个练习中，B组学员需要在听A组学员讲话时表现出心不在焉的样子；在第二个练习中，B组学员需要认真聆听A组学员的讲话，并通过语言、肢体动作作出回应，与对方进行沟通。

（二）游戏过程

老师：

现在进行第一个练习，请两组中号码一样的学员坐在一起进行练习。

（学员们开始第一个练习。）

老师：

停下，现在回想一下第二个练习的任务，想清楚以后我们开始做第二个练习。

（学员们开始第二个练习。）

老师：

好，现在时间到了，两组练习已经做完了，有谁愿意说一下自己的感受吗？

学员1：

我在讲我自己有趣的经历给他听，但是他一直在做其他的事情，并没有认真听我讲话，我都不想讲下去了。

老师：

所以你停下来了，是吗？

学员 1：

是的。

老师：

为什么你觉得他没有在听呢？

学员 1：

比如眼睛看着别的地方，手在做别的事情之类的。

老师：

如果你在跟别人说话时，对方在打电话或做别的事情，他的肢体语言就告诉你他没有在听你说什么，是吗？

学员 1：

是的，是这样的感觉。

老师：

现在我们比较一下这两个练习，你们的感受是什么，第二个练习与第一个的练习有什么不一样？

学员 2：

不一样。感觉第二个练习的时间还应该再给长一点，让我把家庭的琐事说完。

老师：

这个建议很好。事实上我们也注意到了，在第一组练习的时候，我还没喊停很多人都已经停了。而在做第二组练习的时候，我喊停了好几次，大家才很不情愿地停下来。如果我没喊停的话，我相信你们可以从对方口中得到更多的信息。那么，不妨思考一会，为什么你们所进行的两组练习会有不一样的感受？

学员 3：

第二个练习和第一个练习的经过截然不同。第二个练习过程中对方有问我问题，与我进行交流，让我觉得他在参与其中，这让我感觉很舒服。

老师：

这个练习与我们的课程有什么关联呢？做这个练习与我们做一个成功的调解员有什么直接关系吗？大家可以思考一下。

学员 4：

这个练习反映的是运用聆听技巧的重要性。

老师：

说得很对。

学员 5：

作为一个调解员首先要是一个好的倾听者，仔细倾听不仅能捕捉到更重要的信息，而且比较容易和当事人建立信任感。

（三）游戏启示

在谈话的过程中，如果一方没有用语言和肢体动作出一些回应，这样说话的人可能感觉不到对方在认真聆听。在调解过程中，调解员的任务是做一个活跃的聆听者，希望当事人说得越多越好，然后把听到的信息转述给另一方。调解员在调解中良好地运用聆听技巧，不仅能使当事人说出更多的信息，而且能与当事人建立信任关系。这样调解将更容易成功。

第二节　知识要点

调解是由中立第三方协助的、以和解为任务导向的短期的谈判过程，在调解过程中，作为中立第三方的调解员需要协助双方当事人顺畅沟通，交流双方的利益需求，并创造性地提出实现双赢的和解方案。调解是一门沟通的艺术，需要调解员具有高超的调解技巧。调解的技巧主要包括：积极聆听、问开放性问题、调整当事人的预期、利用诉讼风险、运用情感因素、重视道歉的作用、运用利益排序、固定已经达成的成果、把握时机提出和解方案等基本技巧。

一、积极聆听

积极倾听是随着现代社会心理学的发展，在社会心理实践（实验）中发展起来的一种有效的沟通技巧。积极聆听是指通过重述、提问、总结、确认等方式，在交流过程中传导给陈述人，以对其遭遇表示理解和同感，从而鼓励陈述人积极交流的聆听方式。当一个人的讲话被他人耐心聆听时，通常会有这些感受：心里得到安慰、受到鼓舞与支持、觉得自己的话被听懂了很高兴、赢得信任、产生成就感等。具体而言，调解员积极聆听的做法包含以下内容。

第一，重述（Restating）。即复述对方所说的话，但是并非要逐字逐句地复述，只是重述最重要的几点，让当事人明白你已经理解他所讲的内容。而且调解员不仅要聆听当事人关于事实的陈述，还要聆听关于感情的话语。第二，提问（Asking Question）。提问是指调解员对当事人提出一些开放性问题，用以引导当事人在调解中进一步反思、阐述、对话以及讨论。调解员运用提问技巧是为了确认自己听到的是否是对方所讲的，然后还可以要求他多讲一些。有时当事人的陈述，并不是他内心想要表达的内容，可以通过运用提问的方式确认当事人的真实意思，给当事人一个调整的机会。第三，总结（Summarizing）。总结是调解员对当事人所说的事情进行综述，或者提炼出当事人的重点。一个好的总结应该包括所有的点——理论上不应该放弃任何谈判要点。调解员可以在得到的信息中选出重要的信息进行总结，然后再推进调解的进程。第四，确认（Checking）。调解员可以确认聆听得出的结果。聆听的结果有时会含有自己的假设，调解员可以用提问的方式确认自己的总结与当事人所讲述的是否一致。如果有错误，可以继续向当事人提问。

调解员关于重述、提问、总结和确认的可用话语如下（见表 4－1）：

表 4－1　　调解员关于重述、提问、总结和确认的可用话语

(1) 重述（Restating）：	**(2) 提问（Asking Question）：**
“所以，对您来说，事情是这样发生的……” “您现在感觉……” “您似乎想说的是……”	“对于……您的意思是什么？” “关于……您想让他明白的是什么？” “关于这个问题，您还想补充什么吗？”
(3) 总结（Summarizing）：	**(4) 确认（Checking）：**
“所以，您今天只想谈论的是……” “到目前为止，我总结一下您所阐述的……” “这里有一些事项是您不同意的，包括……”	“关于这个问题，您觉得应该怎样讨论？” “现在这种谈话的方式您觉得舒服吗？” “对于下一个问题您准备好了吗？或者您还想就现在这个问题上再讨论一会儿？”

除了以上四点，调解员还可以用点头、注视对方等肢体语言和询问当事人的感受等表示正在聆听。联席会议中，调解员还应该区分积极聆听和认同立场的不同，点头可能存在这两种意思——听到与认同是有区别的。调解员还可以在当事人说出他的经历之后，说出自己的感受以表示理解。但是这种方法只适合在单方会谈中使用，不建议在联席会议中使用，因为会让另一方当事人产生误解与反感。调解员还要注意控制局面，因为在单方会谈时，若调解员讲出自己的体会，可能会导致聚焦点从当事人身上转移到调解员身上。

二、问开放性问题

在调解机制运行良好的美国，调解员与当事人在对话时非常注意谈话方式，适当的谈话方式能够促进当事人主动与调解员以及对方当事人交流，调解员可以借此挖掘当事人的利益期许所在，由此实现当事人自主自愿地提出调解方案。问开放性问题就是其中很重要的一种交流方式。所谓开放性问题，是指答案不是简单的“是”或者“不是”的问题，而是回答者可以自由陈述、解释、补充的问题。开放性提问能够使当事人在宽松的环境中尽可能地提供信息，这些信息能促使调解员更好地理解当事人的立场，挖掘当事人立场背后的潜在利益以及提出相应的纠纷解决方案。在美国调解经典案例之“大红狗餐厅案”[①] 中，调解员就利用了问开放性问题的方式。该案一方当事人愿意开餐厅，而另一方当事人有一家知名连锁餐厅的加盟方案，但是争议中的双方当事人都不愿意与对方交流相关信息。调解员通过问开放性问题的方式，挖掘到双方各自所掌握的信息，并采用背靠背的方式进行交流，最终高效地促使双方当事人提出了调解方案，该案件得以成功调解。

三、调整当事人的预期

调整当事人的预期是指通过各种各样的方式使当事人预期的赔偿数额

① 该案例由美国 Len Riskin 教授根据真实案例编写，并授权该案例材料在我国湖南省司法厅与湘潭大学共同举办的“中美调解国际研讨培训班”使用，并可用以编写中文版调解教材。

变得更为合理，达到可能和解的区域。[①] 波斯纳将调解视为双边垄断的例证，指出调解成功的必要条件是存在让双方当事人能依之认识到调解协议能增加他们福利的价格，只有当被告愿意支付的价格高于原告在调解中愿意接受的最低价格时，调解才能成功。[②] 比如在原告最低接受 100 万美元，被告最高可以赔偿 120 万美元，100 万美元至 120 万美元就是达到可能和解的区域。双方当事人之间的最低条件或保留价格，称之为调解的有效范围，该重叠区域的存在是调解的必要条件。

一般情况下，可能和解的区域在调解开始的阶段是不太可能出现的，但是如果调解员能够调整当事人的预期，就能达到可以和解的区域。调整当事人的预期的方法有很多种，包括设置参照点、交换诉求、律师评估等。首先，设置参照点是指在调解员与当事人的会谈中提及某个赔偿数额，根据心理学原理，当事人在听到这个参照点之后往往会根据参照点调整自己的数额。当事人在进入调解的时候往往有一个参照点，这个参照点可能是基于片面或者错误的信息。如果调解员认识到这个问题，能够通过一定方式将一个合理的参照点信息传达给当事人，就能影响当事人的想法，使其就争议解决的预期趋于合理。其次，交换诉求是指调解员可以让当事人交换关于赔偿数额的意见，让其相互影响，使双方的预期数额趋于接近。最后，律师评估是指通过鼓励当事人询问律师意见的方式，通过律师的法律建议调整当事人的预期。任何人都会或多或少地受到旁人提供的参照信息的影响。调解员和律师能够影响当事人，当事人反过来也可以影响律师和调解员。

四、利用诉讼风险

当调解员面对双方当事人均说己方胜算很高的情况时，可以利用诉讼风险这一策略，使双方当事人到法院打官司的概率降低，进而使双方当事人利用调解的方式解决纠纷。调解员利用诉讼风险主要是引导当事人进行诉讼的成本和收益分析。比如在一宗诉讼中，调解员可以引导当事人考虑诉讼获胜的可能性、诉讼获胜获得 100％赔偿的可能性、获得 50％赔偿的可

---

① 程波．美国调解技巧的社会心理学解读．湘潭：湘潭大学出版社，2016：133.

② 波斯纳．法律的经济分析．蒋兆康，译．北京：中国大百科全书出版社．1997：723－724.

能性、败诉的可能性、律师费的数额等因素。[①]

大多数的法律决策都以多种不确定性为特征，可以采用树形的决策模型[②]进行分析。树形的决策模型可以把诉讼案件分解成不同的阶段，它可以发挥评估的作用，衡量不同争点、不同阶段在整个案件中的重要性。树形的决策模型是按照时间顺序从左至右组织的，其中的事件按照其可能发生的顺序排列，包括三种分支点或者节点：决策节点、机会节点以及终点节点。[③] 决策节点是决策者需要从两个或者更多的选项中作选择的地方。机会节点是不同结果可能出现的地方，决策者对此无法控制。机会节点之后的、可能出现的结果都反映在分支上，每一个分支都代表了发生某种结果的可能性。终点节点代表着最后的结果，我们对其后的事情都不加以考虑。每个终点节点都有结果价值，代表当事人相关的金钱成本净值及所得净值。

调解员在运用"利用诉讼风险"这一策略时，可以用树形的决策模型向当事人清楚地展示纠纷解决方案选择的成本与收益。该树形的决策模型通常有两个分支：诉讼与和解。和解分支上可能反映了对方最近的和解要约，或者反映了律师对对方可能接受和解条件的预测，诉讼分支通常是一个延长的机会树，它的分支代表诉讼中可能发生的事件。[④]

从原告的树形决策模型（图 4－2）中可以看出，原告面临两个选择，即诉讼还是和解。如果原告选择和解，他将获得 9 万美元赔偿，纠纷结束。如果原告选择诉讼则存在三种可能性，即有 50％的可能性败诉而损失 3 万元，有 30％的可能性部分胜诉而获得 6 万美元，有 20％的可能性全部胜诉而获得 12 万美元。从被告的树形决策模型（图 4－3）中可以看出，被告也面临和解与诉讼两个选择。如果被告选择和解，他将支付 9 万美元，问题到此为止。如果被告选择诉讼则存在三种可能性，即有 50％的可能性胜诉而

---

① 廖永安，覃斌武，史密斯．美国调解经典案例评析．湘潭：湘潭大学出版社，2013：23－24.

② 模型（Model）是指为了把握与理解复杂的事物而把单纯化的要素组合起来构成的假说性的认识工具。在经济学中，经济模型是在对现实经济事物的主要特征和内在联系进行概括、抽象的基础上，对现实的经济事物进行描述。高鸿业．西方经济学．北京：中国人民大学出版社，2014：122.

③ 程波．美国调解技巧的社会心理学解读．湘潭：湘潭大学出版社，2016：133.

④ 戈尔德堡，桑德，等．纠纷解决——谈判、调解和其他机制．蔡彦敏，等译．北京：中国政法大学出版社，2004：357－358.

损失 3 万元，有 30％的可能性部分败诉而支付 12 万美元，有 20％的可能性全部败诉而支付 18 万美元。当事人都是“理性人”①，都是力求以最小的经济成本获取最大的经济利益。在调解员利用诉讼风险方式进行引导下，调解这一方式将更吸引当事人。

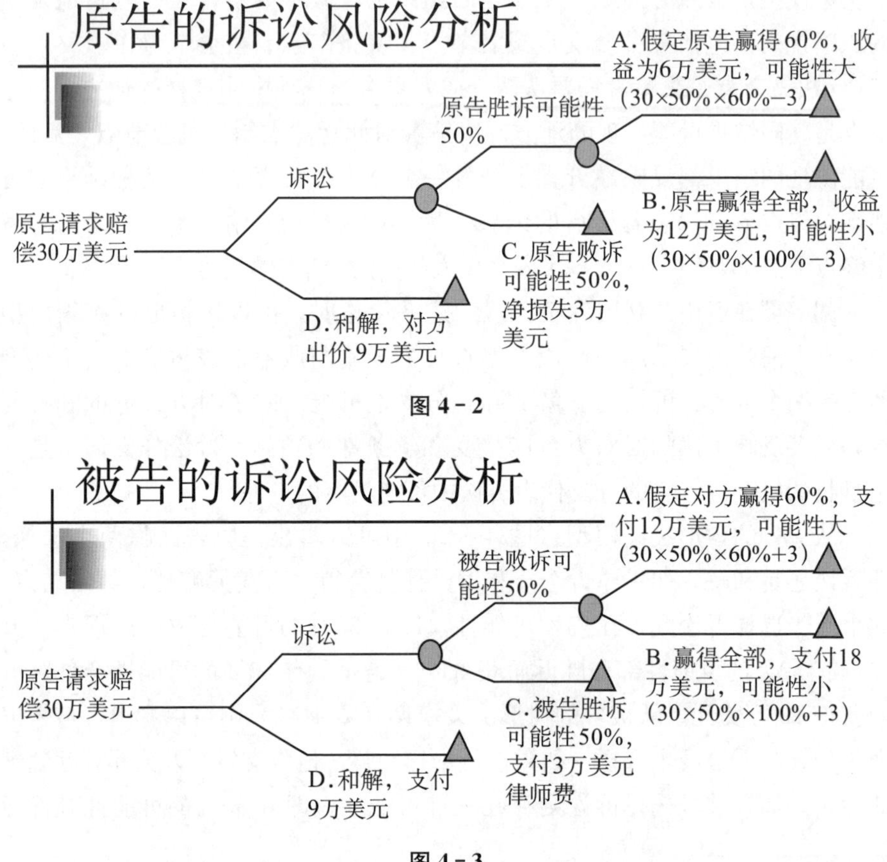

图 4－2

图 4－3

---

① “理性人”是对所有从事经济活动的人的基本特征进行的一般性抽象。该基本特征是指每个从事经济活动的人都是利己的，都是力求以最小的经济成本获取最大的经济利益。只有这样的人才是合乎理性的人，否则，为非理性的人。高鸿业．西方经济学．北京：中国人民大学出版社，2014：122－123；魏建．法经济学：分析基础与分析范式．北京：人民出版社，2007：27－30.

五、运用情感因素

如果在调解之前，双方就已经有良好的情感，这将成为调解中的润滑剂和催化剂。举一个非常简单的例子，如果一个陌生人让你把凳子举起来并举十分钟，我相信没有人会举；如果是你的好朋友让你举，会有一部分人把它举起来；如果是妻子让你举，会有大部分人把它举起来。为什么会出现这样的现象？因为有一个事物在其中发挥作用，那就是情感因素。当一个人和你关系很密切的时候，你就容易答应他提出的要求。古老的商业格言也说："条件一样，人们想和朋友做生意；条件不一样，人们还是想和朋友做生意。"调解员运用情感因素这一策略，可以分为调解开始前与调解过程中两个阶段。

第一，调解开始前运用情感因素。如果双方当事人不存在良好的感情，调解员在调解开始前也可以运用感情因素，拉近双方距离。如让双方在调解正式开始前早到一会儿，利用这段时间让双方好好聊一聊，谈谈兴趣爱好与经历，也许他们会在闲聊时发现与对方存在共同兴趣或者共同的朋友。其实不管双方当事人在调解前聊了什么内容，这都有助于拉近人与人之间的距离，有利于和解的达成。

第二，调解过程中运用情感因素。在调解过程中，许多当事人固执于自己的立场和打败对方，有时并非基于客观、理性的利益考虑，而是因为在情感上过不去，也就是因为不公平感、偏见等情感因素，所以想要惩罚对方，尽管在惩罚对方的过程中自己也会付出许多代价。情感往往能够反映当事人根深蒂固的关注点，化解感情问题就像排掉"热蒸汽"一样，纠纷双方当事人就能更好地进行和解。在调解中，调解员运用情感因素，应注意以下几点：一是在发现当事人之间有情感关系但存在问题时，调解员就应该注意修复情感。二是当发现当事人在情感利益和金钱利益之间有替代关系时，调解员应当利用这一点促进双方妥协。三是在发现当事人情感方面有负面情绪而无法宣泄时，调解员应该给当事人创造机会发泄情绪。四是调解员在阻止纠纷一方当事人强烈情感表现的同时，还要帮助另一方当事人理解对方高涨的情感。五是纠纷双方当事人宣泄自己的情感时，调解员要仔细并带有同情心地聆听。下文将以案例分析的形式来阐述运用情感因素的策略。

美国“麻省理工学院学生意外死亡”赔偿案①是美国调解案例的典范。本案原告克鲁格夫妇起诉麻省理工学院，麻省理工学院表示愿意赔偿。虽然金钱的利益很重要，但本案的关键不在于金钱。该案是一宗人身伤害致死案件，原告克鲁格夫妇人到中年痛失爱子，这其中的悲痛和愤怒是外人无法体会的。因此本案最关键的问题是如何解决克鲁格夫妇的情绪问题。他们同意调解，但并不意味着他们的情绪问题已经得到解决。相反，在他们将自己的愤怒、悲伤完全释放出来之前，调解意愿都是不稳定的，一旦受到任何刺激，克鲁格夫妇就有可能单方面拒绝调解。正因如此，本案调解员在调解当天与他们共进早餐，倾听他们的愤怒和悲伤，这个措施的效果很是明显。克鲁格夫妇在已经向调解员释放过自己的情绪之后，在面对韦斯特校长时情绪比较稳定。调解员在调解开始的时候，不是采取其他调解案件的方式让当事人提出主张，而是给双方提供一个机会让他们自行解决情感问题。调解员在这个过程中发言很少，少数情况下说话只是为了引导当事人和控制局面。最后通过调解，当事人之间达成了令双方都比较满意的结果。

六、重视道歉的作用

道歉是一种补救措施，是补救性交谈中不可缺少的成分，它的基本功能是对一项冒犯行为提出补救办法，恢复交际双方的平衡与和谐。② 在我国的民间纠纷中，有较大一部分是，纠纷本身涉及的损害行为比较轻微，当事人想要挽回的是“面子”，而不是金钱等物质赔偿，这类纠纷化解的关键在于道歉的运用。

中国有很多好的调解方法都为美国所借鉴，道歉的技巧就是其中之一。道歉在调解中非常重要，虽然道歉不能保证调解获得成功，但是在很多纠纷中，道歉是调解成功的必然要素。在调解中运用道歉策略时，应注意以下几点。

---

① 廖永安，覃斌武，史密斯．美国调解经典案例评析．湘潭：湘潭大学出版社，2013：91－97.

② 罗朝晖．汉语“道歉”话语模式．暨南大学华文学院学报，2004（1）：53.

第一，同情心与同理心的运用。在美国，道歉需要区分同情心与同理心。同情心是指对受害人所受伤害表示遗憾与歉意，是说话人从自己的立场出发采取的一种态度，而同理心是对受害人所受伤害表示感同身受，是说话人把自己放在受害人的立场出发采取的态度。① “很抱歉我把你的手弄伤了”，这其实是表达一种同情心。而“我很抱歉把你的手弄伤了，我还记得那种感觉有多痛”，除了表达了同情心外，还表达出了感同身受的同理心。下面是一个较为完整的道歉的示范：“很抱歉我使你的手受伤了，我刚才用力关门的时候，完全没有注意到，这是我的错，我向你道歉！我希望作出补偿！请告诉我你的医疗保险没包括哪些费用，这虽然既不会让你减轻痛苦，也不会让你觉得我是对的，但我希望这么做。我真的很诚挚地向你道歉，这就是我所能做的！”②

第二，树立道歉是体现勇气的观念。道歉并非弱势的表现，也不是可耻的事情，这是道歉者有勇气的表现，也是道歉者对受害者的尊重。如果道歉者有足够的勇气，道歉就会转化成受害者原谅他的一种力量。或者说，道歉最主要的功能是犯错人自己把一种力量转化到受害者身上，受害者获得这种力量后，决定要不要接受这种力量而原谅对方。③

第三，作承担责任的道歉。道歉者应该一开始就要承认犯错这个事实，然后一步一步表达自己最诚挚的歉意，并要为自己的行为负责。只有做到了这一点，道歉才算是诚恳的。如果想进行一个更深层次的道歉，道歉者就要对自己的行为、对自己做得不对的地方作出补偿。比如“还有一点或许不会影响到你，以后我在走路或者关门的时候都会倍加小心的”，在这个道歉中，道歉者就很好地表达了承担责任的道歉要素。

第四，注意道歉的时机与方式。很多人会在事发后马上直接道歉，尤其当发生的事情属于很简单、很明显的错误时。比如去电梯间的途中不小心撞倒了人，当这个人非常生气时，也许并非是恰当的道歉时机。这时候，

---

① 廖永安，覃斌武，史密斯．美国调解经典案例评析．湘潭：湘潭大学出版社，2013：22.

② 廖永安．中美调解培训启示录．湘潭：湘潭大学出版社，2016：95. 值得注意的是中国式的“道歉”不可能像该示范一样直白，即便如此，中国式的道歉也应该包含同情心、同理心、承认错误、请求原谅等要素，且中国式的道歉要委婉很多。

③ 廖永安．中美调解培训启示录．湘潭：湘潭大学出版社，2016：95.

他既听不进去道歉也不相信别人真的是在道歉。关于道歉的方式，有时是面对面的道歉，有时则是书面道歉；有时是在众人面前的道歉，有时则是私底下的道歉。作为调解员，应准确判断并引导一方当事人在恰当时机、运用合理的方式向对方当事人道歉。

七、运用利益排序

上一章介绍了调解员应运用的策略是挖掘立场背后的利益。在挖掘出当事人的利益之后就要根据当事人各自的利益进行排序。虽然有很多纠纷是因为交流不畅造成的，但是也有很多案件中当事人的某些利益是有着直接冲突的。在这种情况下，当事人各自都要放弃部分利益才能调解成功。因此调解员需要帮助当事人对多项利益进行排序，想清楚自己的哪些利益是不能放弃的，而哪些利益是可以与对方协商的。正是在这个基础之上，调解员才能协助双方形成一个大家都可以接受的方案。很多情况下，要当事人放弃即使是排序在后的利益也会有困难。在面临这样的情况时，调解员可以利用最优替代方案（Best Alternative to Negotiated Agreement）与最差替代方案（Worst Alternative to Negotiated Agreement）来促使当事人互相妥协。所谓最优替代方案是和解之外的最好的可能性，而最差替代方案则是和解之外最差的可能性。调解员要做的就是提醒当事人考虑最优替代方案和最差替代方案。在最优替代方案并不比和解方案明显好或者最差替代方案出现的可能性比较大的情况下，当事人一般都会选择和解。

八、固定已经达成的成果

固定已经达成的成果是指在双方当事人通过调解已经就部分争议达成妥协意愿的时候，调解员应当及时将这些妥协的意愿固定下来，防止当事人在最终达成完整的和解方案之前反悔。固定成果的方式主要包括以下几种：第一，调解员重述。在当事人不是特别明确地表示就部分争议可以达成和解时，调解员应当及时将其意愿提炼，以明确的语言表述出来，再要求当事人确认。第二，案件切割。具体是指调解员将案件的争议分割成几个部分，告诉当事人并取得其同意可以将案件分成几部分，一部分不能达成和解不影响其他部分达成和解。在一宗纠纷中包含几部分争议，其中有的容易解决、有的难以解决，先解决可以解决的部分的策略往往非常有效。第三，签订部分和解协议和部分履行。具体是指调解员可以在达成部分和解的情况下，签订和解协议甚至履行。美国调解遵循心理学的原理，人们害怕失去已经拥有的东西。一旦当事人签订部分和解协议或者部分履行，当事人往往容易就剩余的部分达成和解。

九、把握时机提出和解方案

中国调解员习惯于在调解开始阶段就提出和解方案，而美国调解员倾向于自始至终不提出和解方案，由当事人自己提出和解方案。结合现代调解的发展方向和我国国情，本书主张中国调解员仍然有必要提出和解方案，但是应当把握好提出方案的时机。由当事人自己提出和解方案是美国调解中一项非常重要的技巧，也是其与中国调解不同的地方。中国调解重视说服教育，通常都是调解员运用道理、法律、人情来说服当事人妥协。自然而然地，中国调解中多数情况下都是调解员向当事人建议和解方案。毋庸赘言，相比于由调解员提出和解方案，当事人在自己提出解决方案的情况下反悔的可能性要小很多。因为和解是当事人的事情，调解员仅作为中立的第三方起辅助和引导作用，他们帮助当事人厘清自己和对方当事人的利益纠葛，当事人自己就能提出最符合切身利益同时又能为对方所接受的解决方案。美国调解通过问开放式的问题，引导当事人自己说出如何解决争议，可行的措施有哪几种，哪种最有利，哪种对方最可能接受，如果对方不接受方案，当事人有什么其他选择等。在当事人回答完一系列的问题之后，当事人自然会提出方案。虽然调解员不提出和解方案具有明显的优势，但结合我国调解实践看，在调解开始时，调解员就一厢情愿地提出自己认为正确的和解方案并不可取，应该是在通过沟通，大致掌握了当事人的利益需求，在比较有把握的情况下，选择恰当时机提出和解方案。

第三节　有问必答

一、如何促使双方当事人有效沟通

问： 在调解中，有时一方当事人不愿讲话，而另一方当事人又急不可待地要讲他的故事，在这两个极端的当事人之间，调解员怎样做才能在联席会议里帮助他们把各自的意见表达出来，同时又不会把他们的矛盾扩大呢？

答： 对于不同状态下的当事人，我们要有针对性地选择技巧去进行沟通。对于不愿讲话的当事人，调解员可以主动地向其发问。但是对于当事人有意回避的问题，调解员发问的方式要更加委婉，可以用谈心的方式与其进行交流。这一阶段与当事人建立信任关系远比获取信息更加重要。在初步建立信任的基础上，调解员可以适当提出一些开放性的问题，鼓励当事人敞开心扉。对于急不可待要讲述自己故事的当事人，调解员则要耐心地倾听，在倾听当事人讲述故事的同时，还要观察当事人陈述时的表情，揣摩当事人的心理，寻找当事人的诉求以及诉求背后的原因。在联席会议中，调解员还应当注意保持中立的原则，不能过度地关注一方当事人，而让另一方当事人质疑调解员的中立性。比如，一方当事人不停地述说自己的故事时，调解员要适当地打断他，避免另一方当事人产生厌烦心理。如在家事纠纷中，夫妻一方往往就是难以忍受另一方无休止的述说。对于更多的信息，调解员可以选择等到单方会谈中再获取。并且，在联席会议中，调解员需要站在对双方有利的立场，对此方说彼方的好处，对彼方说此方的好处，这样将易于解决矛盾。

二、调解员如何引导当事人向对方道歉

问： 作为调解员，应该如何引导一方当事人向另一方当事人道歉？能不能用案例进行解释？

答：我们用尼尔和张博案[①]的材料作示范，将现场模拟单方会谈中道歉的运用。

老师：

今天，我跟你叔叔花了一点时间来谈这件事情。他给我留下的印象很深。我觉得他是个很有智慧，也很诚恳的人。比起我来，他是个更好的生意人。我非常理解你们之间发生的事情，我知道你也希望它能够早点过去，是吗？

学员：

是的。

老师：

你知道，你的叔叔其实是很喜欢你的。

学员：

是的，我知道。

老师：

我想，在你的内心深处，其实也非常感谢你的叔叔帮你创业。我有点好奇：你有没有跟你叔叔说过一句“真诚地感谢你”之类的话？

学员：

（略犹豫）这个是当然。但是我还一直没有表达我的想法。可是我们现在在搞这个事情，我都起诉……

老师：

我们都知道你叔叔是个睿智豁达的人。我想就算是今天，如果你能跟他说“叔叔，我很感激你”，那他一定会很高兴的！我把你们聚在一起，你想想有没有办法让自己对叔叔说：“叔叔，我很感谢你！”

学员：

好的，我想我本来欠叔叔一个感谢和一个道歉。

（演练结束。）

关于引导当事人道歉，首先一点是将当事人的关注点从争议本身移开，其次是在挖掘当事人的利益（包括情感利益）之后，通过柔和的方式去激

---

① 廖永安，覃斌武，史密斯．美国调解经典案例评析．湘潭：湘潭大学出版社，2016：28-42.

起同情心和同理心，最后引导当事人作出道歉的行为。这其中要特别注意谈话的方式，原则上不能是命令式或者判断式的，即不能说“我认为你错了”“我认为你就应该道歉”。在上述演练中，老师的表达非常柔和，容易被人接受。“我有点好奇：你有没有跟你叔叔说过一句‘真诚地感谢你’之类的话?”，这里，老师不是自行判断，而是说自己很好奇，这样就能够避免直接评判当事人，从而避免当事人反感。但是，也需要特别注意的是，在有的案例中，如果一方当事人明显在法律或者道德层面有严重问题，调解员也可以果断地要求当事人道歉，这能起到很好的效果。甚至有时候，为了缓和当事人情绪，调解员可以自作主张代替一方当事人向另一方当事人道歉。

三、如何看待调解员给出和解方案

问：按照美国调解的经验以及按照现代调解的发展趋势，在调解的过程中，调解员是不用劝说当事人、不用给出和解方案的吗?

答：美国调解的经验是通过挖掘当事人立场背后的利益，帮助当事人认清自己的利益需求（包括多利益需求的排序），然后通过沟通以及“做大蛋糕”、搭桥等方式形成和解方案，在这个过程中，调解员并非没有做劝说工作，其劝说的工作是以挖掘当事人的利益需求为前提的。通过对比经典的美国调解案例和典型的人民调解案例，可以发现美国调解员更多的工作是问和听，而中国的人民调解员更多的工作是普法、教育、说服；美国的调解员会鼓励当事人自己形成和解方案，而中国的调解员则会拿出自己主张的方案劝说当事人遵循。调解的精髓在于从根本上化解矛盾纠纷，而不是通过外力压服当事人暂时和谐，所以美国调解的实践大致代表了现代调解的方向。

基于此，在调解过程中，调解员还是要耐心细致地了解当事人内心的需求，并且通过创造性的沟通交流扩大利益重叠区间，最终达成和解。在这个过程中，调解员可以进行适度的劝说、也可以提出一些和解方案的思路；但是调解员不能自以为是地给出一个和解方案，然后通过权威（职务、资历、资源）去压服当事人。另外，即便给出和解方案，也不要在调解刚刚开始就提出，而是应当在掌握了双方当事人的利益需求和大致想法之后，在比较有把握的前提下提出。

四、如何调解只涉及金钱利益的纠纷

问：当事人的利益存在多种情况，如金钱利益、情感利益、面子问题等，那典型的商业案件中也存在情感利益等金钱利益之外的利益吗？有没有只涉及金钱利益的纠纷，那这样的纠纷如何调解？

答：很多侵权纠纷也涉及情感问题，比如受害者家属希望获得赔偿和道歉。而家庭纠纷、邻里纠纷则自然会涉及情感问题、面子问题等。现实中的确存在只有金钱利益的纠纷。但不能假设只要是商业往来中的纠纷就只涉及金钱利益。事实上，相当大一部分商业往来中的纠纷也涉及面子问题、情感利益以及商业信任、合作关系等。所以在处理这样的商业纠纷时，金钱利益不是唯一的议题，仅解决金钱的分配也不能彻底解决纠纷。

如果是纯粹只涉及金钱利益的商业纠纷，也存在律师费、诉讼时间成本、败诉风险、以后是否可以合作等多种利益形式，因此也是存在和解的空间的。当然，如果当事人之间仅就金钱利益的分配存在根本性的矛盾，那么调解不成功也没有关系。

第五章　调解中僵局打破的技巧

第一节　游戏演练

一、画树

（一）游戏规则

首先由学员们各自思考一棵树具有哪些基本的形态。然后，由部分学员说出他心中所想的树的形态。随后学员们再各自在纸上画出自己所想象的树。画完之后，各位学员将自己所画的“树”展示给其他学员看（见图5－1）。

图5－1

（二）游戏过程

老师1：

我首先向大家提一个问题：树是什么？

学员 1：

一种植物。

老师 1：

植物，好！那么树由哪些部分组成呢？

学员 2：

树干。

老师 1：

还有呢？

学员 3：

树叶。

学员 4：

树根。

老师 1：

嗯，还有树皮、树枝，是吗？接下来，请每位学员在自己的纸上画一棵树，画出你认为的树的样子。

（学员们开始画树。）

老师 2：

我不会画树，但我在看你们画树的时候，心里感到很温馨，所以要决定哪一幅画“最好”，通常是很困难的。现在，请各位站起来，把你们画的树举起来。

［学员们都站了起来，并把自己的画举在胸前（见图 5－2）。］

图 5－2

老师 2：

哦，画得太美了！

老师 1：

我也画了一棵树。美国现在是秋天，我们的枫树叶子已经渐渐变黄，最后变成红色了，所以我画的是一颗长满红色树叶的枫树。

老师 2：

画得很棒！大家请坐！我们刚才看见了什么呢？看到树了，对吗？无论是讲中文还是说英语，我们之间现在已经有了一种共同的语言。这间房子里有三十多人，你们都说这是树，并且大家都同意树由这些部分组成，但现实中没有哪两棵树是一模一样的。你们看老师 1 画的就是一棵秋天的树，因为他认为美国现在是秋天。由此，我们可以从中得出很多感悟。基于文化、地域、生活习惯和利益需求等方面的差异，每个人对相同事物可能会存在认识上的差异。但是同时也存在对这一事物的共同认识。比如在这个游戏中，大家画出来的树在颜色、形状等方面各有不同，但都有树干、树叶和树皮。当我们对同一事物形成相同的认识之后，在我们之间就形成了沟通的桥梁。

（三）游戏启示

这个游戏给我们的启示是：在调解中，既要看到不同主体之间存在的共性，又要注意到不同主体之间存在的差异。

首先，不同主体之间存在的共性往往是后续调解达成共识的基础。在这个游戏中，老师先询问了大家对树的基本认识，在各位学员心中形成了一个对树的形态的共同认识。这样就能让各位学员明白，大家对树的形态有着共同的认识，意识到彼此之间存在着共识。共识是沟通的基石，更是达成调解的基础。有时候，共识并不是显而易见的，但往往这些共识早已存在于调解双方的心里，调解员要做的就是引导双方认识并表达出来。因此，在调解中，调解员可以对调解双方进行引导性的发问，提醒当事人应当关注哪些因素，哪些方面是双方都在考虑的并都有所认同。通过这样的过程，反复地进行交流，帮助当事人认识到似乎与对方存在共同利益。后续要做的便是让调解双方不断靠拢，并建立共识，达成调解。

其次，认识到不同主体之间的差异可以使调解员发现当事人的不同需求，并为后续的调解协议的形成提供指引。在学员们画完之后，老师让各位学员相互展示自己所画的树，并指出学员之间所画的树之间存在的差异。由此让大家明白，彼此之间对树的形态的认识，在共性的基础上也存在差异。在调解过程中，调解员在挖掘调解双方需求时，既要注意到共同需求，也要注意到不同需求。此外，调解员还可以通过沟通技巧促使双方当事人关注彼此之间的不同需求，引导双方当事人换位思考，相互理解，这也有利于后续调解方案的形成。

二、骆驼的继承

（一）游戏规则

一位已经去世的父亲留有 17 只骆驼和一份遗嘱给他的三个儿子，遗嘱的内容是：留给大儿子一半的骆驼，留给二儿子三分之一的骆驼，留给小儿子九分之一的骆驼。但是在这个国家有两条法律必须遵守：第一，无论是口头的或是书面的遗嘱都必须遵守；第二，人不能杀死骆驼。三个儿子都希望遵守父亲的遗嘱，现在要求大家计算大儿子、二儿子和小儿子分别能得到几只骆驼?

（二）游戏过程

老师：

好了。现在有谁计算好了吗？有人想出既能公平遵守遗嘱，又不杀死骆驼的分配方法吗?

学员 1：

我认为可以假设有 18 只骆驼，这样就很方便计算了。

学员 2：

我觉得不行。因为 17 只骆驼的一半和 18 只骆驼的一半是不一样多的，因此，这种做法不行。

学员 3：

我想要不就老大 8 只骆驼，老二 6 只骆驼，老三 3 只骆驼，反正是亲兄弟，谁多谁少都没关系。

学员 4：

这也不行，这样就违背了遗嘱。

老师：

大家想的都非常不错，其实前面有些学员的思路是对的，只是还有些学员方向弄错了。假如现在我是调解员，我借你们一只母骆驼给兄弟三个，在往后的两个月我的这只母骆驼和你们那一群骆驼一起生活。这样总共就有 18 只骆驼，按照遗嘱的规定，大儿子能分到 9 只，二儿子能分到 6 只，小儿子能分到 2 只，这样一共分了 17 只。三兄弟按照遗嘱的规定分完之后还剩下了我的骆驼，两个月后我再来拿回我的骆驼的时候，说不定我的那只骆驼还怀孕了。这样我的母骆驼生的那只小骆驼就是我的调解费用。这样我们就在既遵循了遗嘱，又不违反法律的情况下完好地分完了 18 只骆驼。

（三）游戏启示

这个游戏给我们的启示是：当调解陷入僵局时，及时引导调解双方转换思维至关重要。

第一，这个游戏涉及一个有限资源的定式思维。调解双方为了争夺其所认为的有限的资源，以及在冲突中的情绪化表现，往往容易形成思维定式。在这个游戏中，三兄弟一开始一直围绕 17 只骆驼进行分配，无论如何都想不出恰当的分配方案。调解员通过加入一只骆驼，从而得到了合适的分配方案，这其实就是运用了“做大蛋糕”的调解技巧。“做大蛋糕”就是增加可用资源。“做大蛋糕”的作用在于，有时候当可分配的资源增加，能够满足调解双方的共同需求时，矛盾自然就化解了。在诸多调解中，调解双方发生冲突，也代表着调解双方之间在调解之前就存在着联系，可能之前存在合作关系，那么在调解过后这种合作关系可能会依然存续，这往往会给调解双方带来更多的利益，也就是可以“做大蛋糕”的部分。调解员要善于利用调解双方在今后可能达成的合作，打破调解双方仅着眼于争夺当下有限资源的思维定式。

第二，这个游戏还涉及一个陷入有限分析框架的思维。三兄弟一开始围绕既要划分 17 只骆驼，又不能违反法律规定这有限的框架进行思考。调解员通过加入一只骆驼重构了整个框架，使三兄弟在这个框架中找出可行的方案。事实上，在纠纷化解中也存在同样的问题。若仅仅按照法律思维来进行调解，就会将纠纷化解限定在权利、义务、责任等框架下，进而将解决方式限定在法律规定的救济方式下。因此，调解员可以引入情感、道理等因素来解构当事人的法律思维定式，给后续调解方案的协商扩展空间。

第二节　知识要点

若在经过一段时间的调解后，双方当事人还未达成合意，调解过程也停滞不前，此时，调解可能出现了僵局。在上一章介绍的调解基本技巧的基础上，本章将着重介绍在调解陷入僵局时，可以帮助调解员进一步推动调解，打破僵局的方法。

一、“做大蛋糕”

调解出现僵局往往是因为双方不能就有限的利益达成合适的分配方案，此时调解员可以运用“做大蛋糕”的方法寻找破解僵局的契机。在诸多需要调解的纠纷中，调解双方争执的往往是一个“大小恒定”的蛋糕，“大小恒定”意味着如果一方退让一点，另外一方就能多得一点。就如同处在紧张的拔河比赛中一样，纠纷中的双方当事人时常处于剑拔弩张的激烈对抗中。调解员并非对错的判断者、利益的直接分配者，而应当是关系的维护者、利益的创造者。因此，调解员在调解中不能将思维局限在“大小恒定”上，而是要运用“做大蛋糕”的思维。

“做大蛋糕”指的就是在了解当事人的利益所在之后，通过与当事人的交流来探寻可以满足一方当事人的需求，但是同时又不损害另一方当事人需求的方式，并用这种方式实现当事人之间的和解。一般在纠纷中，当事人往往持有一种“切蛋糕”的思维方式。在这种思维方式下，蛋糕的大小是固定的，给一方切得多，给另外一方就必然切得少，因此双方当事人之间处于一种竞争性关系。而调解中“做大蛋糕”就是要跳出切蛋糕的思维，在切蛋糕之前先探寻各种把蛋糕做大的可能，在双方当事人之间形成合作性关系。大部分冲突的实质就是对有限的资源如何分配的问题，而扩大资源则可以改变冲突的结构。

在经济纠纷的调解中，经常涉及对既定的金钱数额的分配。当事人都希望能够获得对自己有利的数额，从而发生争执，并因此破坏了彼此之间的合作关系。但是，如果双方继续保持合作，之后双方可能获得的利益往往能够超越这个既定数额，从获得的金钱总额上来看，双方均是有利的。所以，调解员在调解中可以将调解双方当事人正在讨论的利益和他们继续合作而可能产生的利益两个元素联系在一起，从而打破在有限资源分配下产生的僵局。

此外，如今社会关系错综复杂，纠纷的类型也在不断增多，纠纷背后可以挖掘的利益也是多元的，“做大蛋糕”的方式并不仅仅限于做大经济利益，还有可能是在纠纷中维护了一方当事人的面子，或者维持了一段关系，这其中的面子和关系也可以视为一种利益。因此，调解员要善于观察，选择合适的“做大蛋糕”的方式。

二、鼓励让步

当调解陷入僵局时，调解员通过劝说，鼓励一方或双方当事人作出适当的让步也有利于化解调解僵局。在日常生活中我们常能听到“以牙还牙”“以其人之道还治其人之身”之类的话语，这些均可以被称为“海格力斯效应”。“海格力斯效应”指的是在人际互动中，一种人际间或群体间存在的冤冤相报、致使仇恨越来越深的社会心理效应。如果对于一个使你受到损害的事物予以过度的关注，在心理上就会产生更大的负面效果。在人际交往中，复仇者和被复仇的人都不是真正的胜利者。

我们还熟知的一个概念便是“零和游戏”，就是指在一项游戏中总是有输有赢，一方所赢得的正是另一方所输掉的，而游戏的总成绩却永远为零，这就是博弈论中的一种非合作、纯竞争的博弈。这个概念之所以被大家所熟知，就是因为在社会的方方面面都能发现与“零和游戏”类似的局面，胜利者的光荣后面往往隐藏着失败者的辛酸和苦涩。从个人到国家，从政治到经济，似乎无不验证着世界正是一个巨大的“零和游戏”场。这种理论认为，世界是一个封闭的系统，财富、资源、机遇都是有限的，个别人、个别地区和个别国家的财富的增长意味着对其他人、其他地区和国家的掠夺。这是一个弱肉强食的世界。但是随着社会发展，这种“零和游戏”观念正在被“双赢”观念所取代。有研究者在研究“以牙还牙策略”时，改良出了一种宽宏大量版“以牙还牙策略”。原有的“以牙还牙策略”规则是一方参与者以合作的态度参与游戏，但是在下一回合他会选择上一局中对手的策略，而对手往往选择背叛，因为如果大家都选择背叛至少自己不会输，但这也导致没有人再选择合作。而宽宏大量版“以牙还牙策略”则是无论对手是否合作，一方参与者都以合作的方式参与互动，结果在实验中，宽宏大量的“以牙还牙策略”开始被全部合作的策略所取代，成为互动的主要策略。[①] 这其实就是“双赢”取代“零和游戏”的过程。而在最初阶段，需要有人作出合作的互动策略，这便是我们所提倡的让步。

“海纳百川，有容乃大”。包容一直以来都是我国提倡的传统美德，如今也存在于我国民众的潜意识当中。虽然在市场化的经济背景下，市场经济中的每个主体对自我利益的维护都格外重视，权利意识不断增强。但在纠纷处理中，并非每个主体都坚持要通过诉讼来维护权利，大家依然秉持着“以和为贵”的交往理念。这便为调解员在调解中鼓励双方当事人让步提供了充分的施展空间。当调解陷入僵局时，调解员便可以向调解双方传递“合作”“双赢”等有利于维系关系的理念，鼓励一方或双方当事人让步，从而达成和解。

三、适当转移话题

在调解中，当某个议题引起争执，一时又无法解决时，调解员可以通过适当转移话题使调解继续进行，避免调解陷入僵局。调解员可以建议将商议不下的议题暂且搁置，待其他议题协商解决完毕之后，再在友好的气氛中讨论、解决之前僵持的议题。如果在后续的调解过程中，能够合理协商处理好其他问题，双方都对结果较为满意，这将为解决之前僵持不下的问题提供新的契机。

具体转移话题的方式有很多，主要包括以下内容。第一，询问。调解员询问双方还有什么其他要求，从而引入一些其他的调解内容。第二，综合考虑现在和过去的因素。转移话题方式的关键就是要转换思维方式，学会换位思考。调解员可以提醒调解双方对与纠纷相关的其他因素进行考量，不让调解双方思维固定化，以新的视角重新审视纠纷。如在一些经济类纠

---

① 奇格弗里德．纳什均衡与博弈论．洪雷，陈伟，彭工，译．北京：化学工业出版社，2016：64.

纷中，提醒双方考量长远利益，利用长远利益及未来利益弥补现在难以获得的利益。当然，将未来利益纳入调解范围的前提是双方都关心未来利益，若有谈判一方对未来利益毫不关心，那么这一方法则难以奏效。第三，提出新的议题。调解员可以提出一个双方当事人都感兴趣的新议题。例如，在离婚纠纷中，夫妻在分割共同财产时陷入僵局，调解员可以将话题转移到与子女抚养有关的议题上。在新议题中，当事人可能会达成某种合意，这个合意也许会是最终合意的开端，有助于后期调解合意的形成。之前的僵局在最终的合意面前可能并不是决定性的问题，但当事人会为了最终的合意对之前的僵局作出妥协。

四、深入挖掘信息

调解陷入僵局时可能出现的一种情况是调解员在已掌握的信息中无法找到使双方达成合意的合理方案。此时，调解员可以进一步深入挖掘信息，从调解双方获得更多的信息来寻找打破僵局的契机。调解员在进入调解前对于调解双方来说是一个陌生人，对纠纷所掌握的信息十分有限，且往往局限于双方当事人的基本信息与纠纷的简要情况。而调解的达成则要求调解员充分地掌握调解双方以及纠纷的各类信息，这也是调解员开展调解的基础。在调解的初始环节，调解员要运用各种技巧获取双方相关信息，但是获取信息并非一次性的，调解员在调解陷入僵局时，要反思是否还有可用的信息未被发现，并可以再次进行信息挖掘。因此，这里再介绍一些能够帮助调解员深入挖掘信息的方法。

调解员可以运用很多假设性的表达对之前获得的信息进行确认。如可以用多个“如果”来对当事人进行发问。运用这种假设性的提问表达与当事人交流，可以试探当事人的底线，探讨并且检验有关调解协议新方案的可行性、确定调解方案的细节等。此外，提问的方式还包括封闭式提问、开放式提问、澄清式提问。封闭式提问是指在提问中可以用“是”“否”等一两个字作答的提问，主要用于确认特定的信息、澄清事实、缩小讨论范围。通过封闭式提问获得的信息较为准确，可以直接作为调解员判断调解方向的依据，并为进一步的信息挖掘提供参考。开放式提问则常常以“什么”“怎样”“为什么”“能不能”“愿不愿”等形式发问，这样提问能帮助调解员打开话匣，促使当事人自我剖析立场背后的利益，从而获得更多有用信息。开放式提问往往没有明确的指向，更多的是激发当事人的表达欲，吐露更多的信息，这也是深入挖掘信息时最为常用的方式。澄清式提问则是为了对一些问题进行澄清而进一步作出的提问，能够帮助调解员充分理解当事人的意见，了解相关的背景情况，掌握导致冲突的症结所在。此外，调解员还应当注意不能采取逼供式的提问方式。逼供式的提问方式容易给人一种咄咄逼人的感觉，这和调解员在调解中应该表现出的亲和形象不符，也不利于在调解员与当事人之间形成友好的沟通环境。

五、活用情、理、法

活用情、理、法，指的是在调解中，灵活地运用情感、道理、法律与当事人进行沟通。调解中出现僵局的原因之一便是调解双方在对同一问题进行思考时，依据的是不同的评判标准。有的当事人思考问题时从“讲道德”或“讲道理”出发，而有的当事人则坚持用法律的思维来对事实进行评价，二者得出来的解决方案往往不匹配，从而无法形成有效沟通。

诉讼与调解存在区别，诉讼双方是基于法律依据进行举证与质证的，法院也必须依据法律进行裁判；而调解方案无须完全依据法律规定作出，可以融合风俗习惯、村规民约、道德观念等。因此，调解员在调解中要学会活用情、理、法，尝试采用不同评价标准的话语与调解双方交流，帮助弱化调解双方之间的沟通壁垒，为后续的调解奠定基础，从而化解调解僵局。

在我国的调解实践中，法律权利与道德伦理相混合的案件不在少数。如在一个纠纷中，兄弟二人在同一家企业工作，弟弟因为违反了公司的规定，哥哥作为企业的董事长要解聘弟弟，弟弟一直请求哥哥不要解聘他，但是哥哥作为企业的董事长，一定要规范地管理公司，他认为自己有权解聘弟弟，因此兄弟二人争论不休。这个例子体现的是，在调解中常常出现双方对法律上的权利以及法律上的诉求有不同的看法。在这个纠纷中，哥哥觉得从法律上讲，他有权解雇弟弟，但弟弟觉得从道义上讲，哥哥不能开除自己。在对这一类纠纷进行调解的时候，调解员可以运用情、理、法相结合的方法进行调解。这个纠纷中的哥哥和弟弟的行为分别基于不同的依据。那么调解员在调解的时候，也要从不同的角度出发与当事人进行沟通。对于哥哥，调解员可以说“情”。调解员可以利用哥哥和弟弟之间的亲情关系，用情感来打动哥哥。对于弟弟，调解员可以说“理”与“法”。调解员可以通过明法析理，与弟弟讲明道理，讲解法律法规，让他认识到自己行为的不妥之处。这样做更容易打破当事人思想上的桎梏，让双方当事人都能从对方的角度考虑问题，从而作出让步，实现和解。

此外，相对于日常生活中的道理、情感，法律的规定让人感觉更加强硬，同样也最容易受到当事人的抗拒。因此，活用情、理、法不仅能够有效地和当事人建立沟通，还能让当事人更容易接受。

六、引入第三方

调解通常由调解员和双方当事人组成，当调解陷入僵局时，可以引入第三方调解来打破调解僵局。引入第三方意味着调解中不同主体之间关系的变化，能够调节调解中的氛围，改变调解主体之间的力量对比，从而使僵持不下的调解状态得到改善。在实践中，主要有以下三种类型的第三方。

首先，能够充当调解中的沟通媒介，促成当事人形成调解合意的第三方。该第三方通常与双方当事人有一定联系，或是受双方当事人信任，抑或是对双方当事人而言具有权威性，如双方当事人的长辈、领导、朋友、同事等。该第三方的加入，主要有两方面的作用：一是使调解员获得更多的信息。很多时候调解员对于双方当事人而言较为陌生，让双方共同的朋友加入调解，可能会让当事人说出不愿告诉调解员的信息。二是能够促使当事人和解。第三人对双方更为了解，知道应当如何与当事人沟通。如在家事纠纷中，双方当事人的亲人更了解他们，容易唤起双方对彼此之间的感情，使其更容易沟通。如前面提到的哥哥与弟弟的矛盾，调解员就找来了双方的姑姑，姑姑加入调解后，谈到了两兄弟从小一起长大的一些小事情，唤起了兄弟之间的感情，最后促成了和解的达成。

其次，作为“影子当事人”的第三方。许多调解当事人的最终决定很容易受到第三方意志或外来意见的影响，有人将这些能掌握当事人决定的外部力量称为“影子当事人”。比如在一次家事纠纷中，一对年轻夫妻要求离婚，双方都坚持要求对孩子的抚养权，调解员经评估后认为，孩子正处于哺乳期，由母亲照顾较为合理，丈夫也同意调解员的意见，但始终不肯交出抚养权。调解员觉得事有蹊跷，旁敲侧击后，丈夫终于吐露这是其母亲的意见与坚持。原因是在一次争吵中妻子曾经扬言要让孩子跟女方姓，母亲担心媳妇离婚后真的会这样做，就坚持孩子必须归男方抚养。调解员马上明白这位婆婆是“影子当事人”，调解能否成功取决于她，而不是坐在调解室中的当事人。于是，调解员建议男方将其母亲带至调解室，在私下交流中，调解员告诉这位母亲，她的顾虑可以通过双方在调解协议中增加一个“女方保证在离婚后不会擅自改变孩子的姓氏，若女方违反该协议，则男方有权向法院请求变更孩子抚养权”的条款来解决。这位婆婆同意接受，调解员也成功调解了纠纷。

最后，提供专业知识的第三方。对于某些涉及专业知识的纠纷，可以邀请相关领域的专家进入调解。面对调解双方都无法解决该问题而又想达成一致的情况，专家的意见通常是专业而中立的，双方当事人会比较容易认同专家给出的意见，并以此达成协议。

七、另行召开调解会议

大部分调解都不是一次就能调解成功的，如果调解已经持续很长时间且没有任何进展，调解员可以考虑暂停此次调解，另外选择时间召开调解会议。暂停调解期间，当事人可以与其他人进行讨论。在经过一段时间后重新回到调解中时，调解双方的想法可能会有所改变。另行召开调解会议可以给当事人提供思考调解方案与调整心情的时间，所以调解员决定另一天继续调解可能是个更好的选择。同时，在另行召开调解会议时，可以尝试更换调解环境。例如可以邀请双方当事人吃饭、打球等。换个环境不仅可以使双方不去谈论之前的话题，而且还可以缓和之前僵持的气氛。在进行一系列活动之后，双方当事人可能会改变对对方的看法，这不仅有利于打破僵局，还便于达成调解协议。调解员在选择活动时应尽量选择双方都感兴趣的活动，否则可能会使双方的关系更糟糕。

第三节 有问必答

一、如何解决双方存在的根本性利益冲突

问：如果纠纷双方存在根本性的利益冲突，如何通过谈判或调解取得成功？

答：并非所有的纠纷都可以通过谈判或者调解的方式解决，总是存在一些纠纷即便调解员已经非常努力也无法解决。这些无法解决的情况就包含双方的利益诉求存在根本性的冲突，因而根本无法调和的情形。即便如此，调解员也应当避免陷入利益根本冲突、双方当事人的博弈必然是“零和博弈”的假设。这是因为，即便双方的利益存在根本冲突，也不能排除双方可能存在利益增长的空间，比如考虑未来的利益、考虑金钱利益之外的利益等。如果调解员发现双方利益存在根本性冲突，而通过引入未来利益、金钱利益之外的利益，帮助当事人认清自己的利益需求，并协助将利益需求传递给对方，这样的工作本身就是有意义的。

二、如何打破劳资纠纷的僵局

问：在现实中可能遇到一个涉及企业工人与企业主协商工资的法律问题。工人通常会就涨工资的要求与企业方谈判，谈判可能成功，也可能出现僵局。我想问的是，如果出现僵局，怎么通过法律来规范？美国的JAMS公司有没有为这样的事项提供调解服务？根据美国的经验，当出现这样的协商僵局或谈判僵局时，怎样打破这种僵局？

答：或许我们没有足够的时间谈美国的劳资纠纷的解决办法，以及中美处理这类纠纷的不同做法。在美国，适用于劳资纠纷的谈判法律条文里有劳工罢工权的相关规定。联邦政府设有一些救济机制，例如，他们会派相关的调解员来协助解决纠纷，希望能够避免罢工的出现。其实这个机制是美国在第二次世界大战之后才发展起来的，现如今大部分的雇主和雇员之间的关系没有太多工会来协调，所以类似纠纷大多是通过一些民间的调

解公司来解决的。JAMS公司并不是唯一一家对这些劳资纠纷进行调解的民间商业调解公司，还有很多机制不同的项目解决劳资纠纷，比如资深调解员集中调解。我曾在不同机构从事过解决劳资纠纷的项目研发。我们在设计这些项目时都特别注意配合当地需要。为保持一定的灵活性和一定的水平，调解员要接受适当的培训，具备相关领域的专业知识。至于在劳资纠纷里有什么技巧打破僵局？我认为最有力的一种技巧就是由双方当事人自主寻找解决方案。如在决定工厂员工的工资设定时，就要视工人们的经济价值和他们对公司产生的效益而定。因此，最好的办法就是让雇主和员工继续进行谈判，继续进行调解。在美国，只有涉及全国性的利益争议，联邦政府才会介入并帮助解决纠纷。

三、调解员能为当事人提供何种帮助

问：作为调解程序的引导者，调解员对当事人有哪些帮助呢？

答：在调解中，一名优秀的调解员能对纠纷解决起到巨大的作用，具体而言，主要体现在以下方面：第一，引导双方当事人成为优秀的谈判者。通常而言，纠纷当事人是处于冲突中的两方，情绪比较激动，调解员所发挥的作用就是引导当事人不要被情绪控制，要使其想法更切合实际，变成一位优秀的谈判者。如调解员可以在调解中引导双方提出新议题、邀请其他人员加入调解、促进双方有效沟通等。

第二，调解员可以提醒当事人思考最佳选择和最差选择。在调解中，当事人往往要面临是否接受该和解协议的选择。作为调解员，应帮助当事人思考：如果不接受这个和解协议，他们还有什么替代性解决方案？对于任何一方来说，最佳选择可能是在诉讼中法官判己方胜诉从而使自己得到想要的。但也存在在法庭上输了的可能性，那就会成为最差选择。所以在调解中，调解员还要提醒当事人思考最佳选择和最差选择。

第三，为双方当事人提出最佳解决方案。调解常常是在法律的“阴影”下进行的，但在很多情况下，法庭对纠纷的裁决可能并非最佳解决方案。当事人立场与其背后的利益往往是不一样的，有时候当事人自己都不知道自己究竟想要什么。所以，必要时调解员需要提出一些有创意的方案促使双方达成调解协议。

调解员能为当事人带来什么？对这一问题的回答十分丰富，可以参考表 5-1 中的一些答案。但这并不是标准答案，调解员还能为当事人带来更多有益帮助，这也取决于调解员在调解过程中面对具体个案的灵活操作。

表 5-1　调解员能为当事人带来什么？

(1) 促进沟通	(2) 帮助各方诉求更切合实际
(3) 帮助各方理解利益和优先事项	(4) 帮助生成有创意的解决方案
(5)“指导”当事方进行谈判	(6) 帮助取得批准
(7) 帮助各方克服反射性排斥	(8) 帮助发现各方均能接受的标准
(9) 帮助评估可供选择的和解条件	(10) 促成结束
(11) 使当事人着眼于时机掌握	(12) 处理情绪
(13) 帮助各方着眼未来	(14) 确定决议
(15) 传达对案件和解可能性的乐观态度	

四、当事人在调解中让渡权利是否具有法理上的正当性

问：如果想要获得调解成功，总要有一方或两方当事人放弃自己的权利，请问这样做是否有法理上的正当性？因为单纯的当事人自愿放弃自己的权利并不足以支持调解的正当性，因为当事人的自愿可能是一定程度上无奈的选择。

答：这个问题假设了一个前提，就是通过调解达成一致的过程必然有一方是放弃权利的，即“零和博弈”。但是，相当大比例的纠纷解决不会是单纯的“零和博弈”。一般情况是，按照当事人在调解开始时的主张，他们之间是“零和博弈”，但是随着当事人对自身利益的深入认识，以及在调解员向当事人引入未来利益、情感利益等的作用下，“零和博弈”完全可以转变为“双赢”。

另外，即便当事人放弃自己的权利，如果当事人是自愿的，从法理上而言，也没有什么不正当的。提问者问道，“当事人的自愿可能是一定程度上无奈的选择”——这完全可能，但是有两个问题需要澄清：第一，现代

调解中，调解员不应当威胁或者诱骗当事人“虚假自愿”。第二，纠纷既然已经发生，损失就必然存在，纠纷解决本身也是需要成本的；如果当事人因为高昂的律师费或者诉讼的时间成本而“无奈”地自愿让步，这样的自愿仍然是真实的自愿。

第六章　心理学在调解中的运用

第一节　游戏演练

一、你看到了什么

（一）游戏规则

仔细观察下图（见图 6－1），说说你看到了什么动物，并把自己的看法与老师、学员们分享。

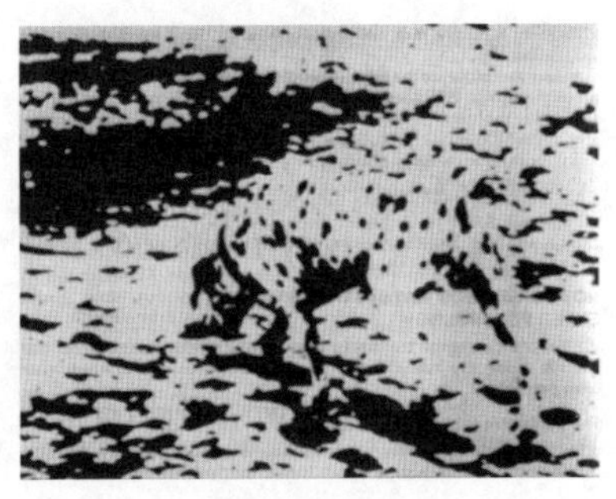

图 6－1

（二）游戏过程

学员 1：

我看到一只狗，在低头吃东西，看上去像是在雪地里。

老师：

很好。其他人看到什么了呢？

学员 2：

我也看到了一只狗，我觉得是一条斑点狗。

老师：

大家觉得是斑点狗吗？

（很多学员点头表示赞同。）

老师：

嗯，一条有着黑白斑点的狗，这是它的耳朵，这是鼻子，这是它的脚，这儿是耳朵。你们看到这条狗了吗？但是现在我希望大家再仔细看看这幅图，除了狗它还可能是什么呢？

学员 3：

我看到一匹狼。

老师：

有人说它是一匹狼。还有学员看到了其他的吗？

学员 4：

我觉得是一头水牛，它头上还长了角呢。

老师：

还有其他学员觉得是水牛吗？

（几位学员举手同意。）

老师：

大家的想法都很好，而且很有创造性。这幅图到底画的是什么，其实并没有一个标准答案，每个人都可能看到不同的东西。对于一张简单的图，我们从不同的角度去观察都能得到不一样的答案，生活中的事情就更是如此了。例如你们曾经跟异性朋友约会，定好晚上六点钟一起去吃晚饭，结果对方没出现，这时，你们的第一想法是什么？

学员 5：

很生气，觉得他不守时！

老师：

就是这样！当我们面对一些不好的事情时，都会倾向于把它想成最坏的情况。或许你们不知道，你们的约会对象就在你们前面不远的地方，刚好车子轮胎爆了，车子抛锚了；或许你们也不知道你们的约会对象正要花一百元打车从抛锚地点赶来赴你们的约会。我们直接的念头就是最坏的情况。这就是我们所说的，一种最基本的归责于别人的心理反应。作为一个调解员，我们对于看到的很多行为是对是错不完全清楚。所以，当看到一些不清不楚、难以界定的情况时，我们会把这些情况提出来。

有智慧的调解员通常可以指引双方当事人，设想一下在事情发生的背后是否有别的缘由。或许，你们就会想一下那个放你们鸽子的人是不是因为其他原因而不能准时到达。

学员 2：

也许是堵车了。

老师：

就是啊！把不清楚的一些情况提出来，把可能的其他因素抽取出来，就可能改变你们原来的看法。

（三）游戏启示

“引导当事人换位思考”。在调解程序中，当事人一开始往往会站在自己的立场，固执己见，不愿为了对方而改变自己的观念或者作出任何让步。此时，调解员需要循序渐进地引导当事人试着用另一种方式思考问题，突破自己的思维定式。在调解员多次引导后，当事人能慢慢从另一个角度看待问题，客观地分析纠纷所在，适当地作出让步，与对方达成某些共识，从而促使调解顺利进行。

二、买卖钞票夹

（一）游戏规则

老师将一些红色、蓝色的卡片随机地分发给学员，要求学员分别取一张卡片并在上面写上钞票夹（见图 6－2）的价钱。持红色卡片的学员写出自己内心的报价；持蓝色卡片的学员则写出自己内心的出价。

（二）游戏过程

老师：

大家的桌子上放有蓝色或是红色的卡片，每人取一张卡片，其他没有卡片的人可以在一张白纸上写下来，你们今天愿意出多少钱来买这个？（举着一个精美的钞票夹向大家展示。）现在，要是哪一位这么幸运，手上正好

图 6-2

有张红色的卡片，我就直接把这个钞票夹送给他；持有蓝色卡片的人，要感觉非常遗憾（见图 6-3）。

图 6-3

老师：

持有红色卡片的各位，这个东西已经属于你们了。但现在需要你们在红色的卡片上写出，如果要卖掉它的话，你们愿意以多少钱卖给你们旁边持有蓝色卡片的人。持有蓝色卡片的诸位，也请在卡片上写下，你们愿意出多少价钱买下对方手上的钞票夹。写好后，大家可以藏好自己的卡片。其他的学员，你们也可以用白纸写下心里的出价。开始！

学员：

（持有蓝色卡片，当他看见老师示意他写下出价的时候，便幽默地说）不啦，我已经赢了一个同样的奖品，就没必要买了。

老师：

（双手一摊，笑着说）但你有亲人啊，买一个给他们嘛！如果你不想买，一分钱都不想出，那也请你写下一个价码吧。

老师：

（看到不少学员写好卡片，老师用手指向其中几个持有蓝卡的学员问道）嗯，你出多少？啊，10 元？

（学员们笑起来。）

老师：

你呢？啊，100 元，哦，200 元？那我们现在持蓝卡的有出价 10 元的，5 元的，2 元的，等等。

老师：

持有红卡的学员，你们的报价是多少呢？

（持红卡的有报价 200 元的，58 元的，10 元的，等等。）

老师：

我们为什么做这个游戏呢？对于已经拥有的东西，我们常常会把价值定得很高，没有的就定得很低。对于自己没有的，有人甚至连 1 分钱都不愿意出。而持有红卡的学员，有的报价 200 元，有的报价 58 元。这源于我们的一种恐惧心理，即担心失去自己拥有的东西的心理。作为调解员，我们可以为当事人提供一些尽管已经给予他们但又很容易失去的东西，供他们考量。

（三）游戏启示

当事人对于自己的利益，特别是已经拥有的利益往往都会十分重视，这导致他们通常会有一种恐惧的心理，即害怕失去自己手上所拥有的东西。因此，调解员可以利用这一“所有者效应”的心理现象，把“非赢即输”纠纷解决变成各方当事人利益的“双赢”，或者为双方当事人提供一些尽管已经给予他们但又很容易失去的东西，供他们考量，最终达到双方当事人都满意的目的。

第二节　知识要点

一、“激活效应”：在调解开始阶段提示规则

人类的大脑处理信息的能力因其速度和预见性而引人注目，据统计，

人脑每秒钟能处理超过 10 000 条信息。[①] 人们对于信息的接收和处理很大程度上会受到外部环境以及自身情况的干预，因此人脑在处理信息的时候会受到此前信息所形成的固化观念的制约。例如，美国曾在 2008 年进行过一项关于无意识“激活效应（Priming)”[②] 现象的实证研究。研究的内容要求所有参与者均采用标准的“政治态度测评量表”来评估国民对 2008 年大选的党派支持情况。其中一组在其测评表的左上角印有一面美国国旗，另一组则没有。结果显示，在长达 8 个月的时间里，那些被国旗吸引的人的政治倾向均向表格左侧所标示的政党转变。[③] 这项研究表明，人类在快速接收信息的同时，下意识地对某些刺激源作出反应。而后大脑再根据每个人的性格、经验、倾向，自动筛选、排列与应用这些信息。

“激活效应”充分说明了人们对于信息的采集习惯。将“激活效应”运用至调解中，就是要求调解员在调解开始阶段提示调解的原则与规则，使当事人一开始便受其刺激，并在之后的调解过程中会持续受其制约。调解员在开场陈述中可以向当事人强调什么是调解、调解的灵活性与中立性、跳出框架思考的必要以及解决纠纷的目标等。

具体而言，调解员需要提示的调解规则主要包括以下内容：（1）调解员将通过制定调解过程中的基本规则，从而为当事人双方营造积极和谐的调解氛围。（2）每一方当事人都应向调解员及另一方阐述他们所掌握的事实以及他们对于最有利结果的想法。[④]（3）各方当事人均需要倾听对方的陈述，目的是进一步了解各自的利益需求。[⑤]（4）调解员将以联席会议或单方会议的形式与各方当事人展开讨论，帮助各方探索其根本利益和需求。（5）调解员需提醒各方当事人，调解过程中不应当有公然侮辱、咒骂、恶意中伤他人的行为出现。[⑥] 这些规则的作用包括：一是确立了各方的话语底

---

① William Lewis. Why People Change，1972：34.

② Jane Juliano. Primed for Resolution? What Mediators Can Learn from the New Research on Priming and The Unconscious Activation of Mental Processes. Acre Solution，2011，20.

③ David A. Hoffman，Richard N. Wolman. The Psychology of Mediation，2013：762.

④ Setting the Ground Rules in Mediation. http：//expert-evidence. com/setting-the-ground-rules-in-mediation/.

⑤ James Mc Guire，陈子豪，吴瑞卿．和为贵——美国调解与替代诉讼纠纷解决方案．北京：法律出版社，2011：58.

⑥ John Gottman & Nan Silver. The Seven Principles For Making Marriage Work，1999：26.

线；二是让当事人知道调解员时刻控制着局势，并将利用自身的经验和专业的知识帮助他们进行调解；三是为当事人建立了一个安全的情感场所，让当事人表达他们最深切的焦虑和希望，而不用担心遭到报复或嘲笑。

二、“镜像自我”：营造积极的沟通环境

在心理学界，“自我”是被研究得最多的主题之一。美国心理学家查尔斯·霍顿·库利曾认为自我取决于他人的反应，并形象地称其为“镜像自我（looking-glass self)”或者“镜中我”。库利这一观点的贡献在于，将自我认为是个人与世界互动的产物。根据库利的观点，一是用“镜像自我”来形容自我是与别人面对面互动的产物，别人好像一面镜子，我的自我意识是我从别人的心里看到别人是怎么看的我；二是人的行为在很大程度上取决于对自我的认识，而这种认识主要是通过与他人的互动和沟通形成的，他人对自己的评价、态度等是反映自我的一面镜子。[①] 因此，在调解中，调解员需要为纠纷当事人营造良好的环境，促使双方当事人充分互动、有效沟通。就整个调解过程而言，调解员可以运用以下技巧营造积极的沟通环境。

第一，用幽默的语言和举措来营造和睦友好的气氛。如果双方当事人就某一纠纷各持己见，互不相让，调解肯定会陷入僵局。如果能用幽默的语言和举措来营造和睦友好的气氛，往往会使调解脱离僵持困局，化解紧张气氛。事实证明，热忱是人际交往中必不可少的要素，它能融化冰雪，软化双方当事人的冷面孔。在调解中，调解员应当满腔热情地和双方当事人“套近乎”，保持友好微笑，营造轻松缓和的气氛，用自己的热忱去打动当事人。只有如此以诚相待，才能使调解活动得以顺利地进行下去。调解员以更多的笑容进行调解，就可以与当事人建立良好的人际关系，这有利于纠纷的和解。

第二，问开放性的问题。有效的沟通能使调解员与双方当事人准确地交换看法和诉求，传达和获取信息，促进调解顺利进行。但对于在纠纷中的当事人来说，自觉以理性的方式与对方进行沟通实属难事。因此，调解

---

① 程波．美国调解技巧的社会心理学解读．湘潭：湘潭大学出版社，2016：83－84.

员需要通过问开放性问题的方式，鼓励当事人敞开心扉，让当事人传递出信息、看法和诉求，帮助各方当事人真正理解各方的利益需求。值得注意的是，使用开放性问题时，调解员应重视把它建立在良好的交流沟通的基础上，即需要基本的信任。离开这一基础，极可能使当事人产生一种被提问、被窥探的感觉，从而产生阻碍。因而调解员的提问要注意问话的方式、语气语调，不能轻浮、不能咄咄逼人或者严厉指责。

第三，富有同情心的倾听。在罗杰斯与 R. 塞林看来，富有成效的调解员扮演者需从多种角度入手并运用各式各样的技巧，但最为重要的莫过于做一位倾听者。[①] 富有同情心的倾听意味着倾听当事人的感受以及他们所说的内容，并提供言辞上和行为上（如眼神交流、面部表情和姿势）的反馈以使当事人明白调解员理解并关心他们的感受以及所说的内容。这样做将使当事人更愿意进入良好交流的氛围。

第四，从“应该”到“可能”的思维模式转换。通常而言，纠纷当事人会聘请律师或向律师寻求法律建议，并期待得到一个答案：“鉴于你的案件的事实，你应该这样做。”但这种“应该”思维不利于调解，它通常会产生反效果，因为它试图从外部强加一项决定或行动方针。因此，调解员的思维模式须进行从“应该”到“可能”的转换，告诉当事人：“我不知道你在这种情况下该怎么办，但我会尽我所能帮助你思考。你已经知道了你所能做或可能做的选择，我将帮助你分析利弊，以便你们一起做出最终的选择。”这种方法可以使双方当事人与调解员的思想相互融合，形成积极良好的沟通环境。

三、“战斗或逃跑反应”：控制当事人情绪

“战斗或逃跑反应”（Fight-or-flight response）是一个心理学、生理学名词，为 1929 年美国心理学家怀特·坎农（Walter Cannon）所创建，他发现，一系列的神经和腺体反应将导致机体处于应激状态，使躯体做好防御、挣扎或者逃跑的准备。“情绪大脑对事件的反应比思维大脑更快。情绪中心的‘杏仁核’能看到和听到我们瞬间发生的一切，它是战斗或逃跑反应的

① 戈尔德堡，桑德，等．纠纷解决——谈判、调解和其他机制．蔡彦敏，等译．北京：中国政法大学出版社，2004：118.

触发点。”[①] 因此，调解员对于纠纷双方情绪的观测便显得尤为重要。在调解过程中，纠纷双方的情绪会随着时间线的拉长而呈现不同的变化。调解员需要对这些变化保持警惕，必要时可以中断调解，以减弱当事人对威胁的感知。具体而言，调解员可以通过以下方式，控制当事人的情感，防止“战斗或逃跑反应”现象的发生。

第一，重组会议或立场转换。重组会议，或是角色、立场的转换可以帮助降低危险概率。例如，当双方在联席会议中发生激烈的争执时，调解员需要判断什么时候双方的争执已经越过了底线，进入对抗状态，届时需要立即打断这场激烈的对抗性交流，让每个人都回到他们座位冷静下来。在美国著名的“戴维营谈判”中，美国总统吉米·卡特在谈判陷入僵局时及时转换角色，由参与者变为调停人，经过周旋，将几次三番试图“逃跑”的埃及总统萨达特拉回到谈判桌前，最终促成了著名的《戴维营协议》。[②]

第二，情绪宣泄管理。情感是决策环节中至关重要的因素。缺乏情感的大脑势必缺乏运转的动力。[③]这句话带给调解员的警示是，消极地压制情绪不仅无利于纠纷的解决，而且会适得其反。在某些情况下，情绪的宣泄是解决问题的方式之一。例如，某些有经验的调解员有时利用“单独会谈”的机会为当事人创造一个安全的发泄场所，从而避免另一方对其发泄产生过激反应，致使冲突升级。然而，事实上心理学家们认为，发泄也可能产生与预期相反的效果——例如，加深发泄者的愤怒，或许会造成其决

① David A. Hoffman，Richard N. Wolman. The Psychology of Mediation，2013：759.

② 美国作者 Lawrence Wright 将美国、埃及、以色列在 1978 年《戴维营协议》签署的过程中的行为以纪实小说的形式记录下来，书名是 *Thirteen Days in September*。此书详细地叙述了其间美国总统吉米·卡特，埃及总统萨达特以及以色列总理贝京之间各自的立场角色与冲突纠纷。当谈判陷入僵局时，美国总统卡特冷静地思考当时的局势，总结谈判初期所产生的问题，迅速转换角色，从谈判的“参与者”变为第三方“调解人”，并带领美方谈判小组为埃及和以色列双方设计出一套完整的解决草案供双方参考讨论，且表明美国并不会干涉他们的决定，埃及、以色列双方均可对草案提出批评意见并修改。从当时的结果来看，卡特转换立场的做法是成功的。

③ David A. Hoffman，Richard N. Wolman. The Psychology of Mediation，2013：771.

定的扭曲。[①] 因此，调解员在调解的过程中需要时刻关注当事人情绪的变化趋势，并据此判断那些激动的言语或手势，何时会促进、何时又会阻碍解决问题的进程，如果是后者，调解员应执行调解的基本规则，禁止当事人喧哗、恶意、愤怒的语言和其他恐吓行为，同时为导致敌对行为的情绪创造更有建设性的宣泄途径。

第三，消除“高冲突人群”的心理障碍。在调解中总是会出现一两个性格难以捉摸、顽固不化、态度恶劣似乎不可能接受调解员引导的当事人。调解员比尔·艾迪（Bill Eddy）是一名律师，也是一名心理健康专业人士。他写了大量关于他所说的“高冲突人群”的文章。这些人可能符合美国精神病学协会（American Psychiatric Association）《精神疾病诊断与统计手册》中所描述的一种或多种人格障碍的诊断标准。[②] 他们的共同点是经常发现自己与他人之间存在难以处理的冲突。艾迪提供了一种与这类人打交道的方法，这涉及四种技能：（1）建立联系/友谊；（2）掌控全局/划定界限；（3）感知现实；（4）后果预测。首先，建立联系/友谊十分重要，因为对许多冲突程度高的人来说，被抛弃是一种深深的恐惧。其次，掌控全局/划定界限对于定义和捍卫调解职业边界也至关重要。例如，该当事人可能尝试将调解员招募为盟友，这时调解员需要提醒对方，调解员必须中立公正。[③] 再次，感知现实的过程由调解员以尽可能客观的态度进行，有时有助于这些人认识到他们的现有看法并非解决这个问题的唯一办法。最后，在后果预测环节中，调解员应该帮助当事人思考，关于他的每一个选择之后可能产生的结果。例如，如果一位家长生气地说，她会在邻里之间大肆宣扬另一位家长是一个卑劣的人。此时调解员可能会与这位家长探讨，如若她采取这种策略也许会对她自己的孩子产生何种影响，以及这种策略是否会损

① Brad J. Bushman. Does Venting Anger Feed or Extinguish the Flame? Catharsis，Rumination，Distraction，Anger，and Aggressive Responding，vol. 28 No. 6，724 - 731（June. 2002）by the Society for Personality and Social Psychology，2002：724；Jennifer S. Lerner & Katherine Shonk. How Anger Poisons Decision Making，Harv. Bus. Rev，2010：16.

② David A. Hoffman，Richard N. Wolman. The Psychology of Mediation，2013：759.

③ Bill Eddy. High Conflict People in Legal Disputes，2006：86.

害到她的孩子与其他孩子之间的关系。[①]

四、"框架效应"：重新组织信息

"框架效应（Framing effect）"指的是对同一件事作出不同的表达会得出不一样的策略判断。社会心理学家通过调查研究发现，在人际沟通中，虽然问题描述的意思相同，但人们依然会因为问题表达的不同而选择不同的回应方案。例如，有个吝啬鬼不小心掉进河里，好心人趴在岸边喊："快把手给我，我把你拉上来!"但这吝啬鬼不肯伸出自己的手。好心人开始很纳闷，后来突然醒悟，就冲着快要下沉的吝啬鬼大喊："我把手给你，你快抓住我!"这吝啬鬼一下就抓住了好心人的手。由此可见，"框架效应"要表达的意思是：关键不在于说什么，而在于怎么说。[②] 相对应地，在调解中，调解员可以运用的技巧则是重新组织信息。

重新组织信息是指调解员在转述当事人意思时，出于一定的目的对当事人原话内容中的信息进行语言上的重新组织的行为。调解员将当事人陈述的内容稍加修改并以更为妥当的方式表述，或者将当事人表达的话语中隐含的意思更清晰地表达出来，帮助各方当事人更加顺利地形成调解合意。如在一个矛盾相对尖锐的家庭纠纷案例中，一位丈夫向调解员抱怨自己的妻子与他在育儿事务上的分歧，并认为妻子时常出言故意抹黑、讽刺自己的行为方式。但是在调解员与他的妻子沟通时发现，根据妻子的说法，她实际上只是试图提供帮助，并无恶意。由此，调解员发现是妻子在语言表达上存在问题，让丈夫产生了误解。此时，如果调解员可以重新组织语言将妻子的本意反馈给其丈夫，或许就能帮助丈夫从这些新的表达中看到不同的含义。调解员必须警惕调解中的细枝末节，因为这些线索可能包含冲突的实质。调解员通过重新组织已有的信息帮助各方当事人清楚地说明他们的真实利益和需要，避免调解因受到对另一方的歪曲看法的影响而失败。

---

① Pierre J. Magistretti，Luc Pellerin & Jean-Luc Martin. Brain Energy Metabolism：An Integrated Cellular Perspective，Psychopharmacology，The Fourth Generation Of Progress，2000：112.

② 程波．美国调解技巧的社会心理学解读．湘潭：湘潭大学出版社，2016：116－117.

五、“词语遮蔽效应”：挖掘深层利益

“词语遮蔽效应”（Verbal Overshadowing）指的是人脑在大多数情况下，对外部刺激事件的词语化有助于记忆，但当所需要记忆的事件难于用语言来把握时，词语化可能反而会有损记忆，导致记忆错觉。①正确理解“词语遮蔽效用”能够帮助调解员发现影响当事人行为的真正动机。在调解中，“词语遮蔽效应”往往出现在当事人陈述“事实”时。各方当事人带着对所发生事情的深刻记忆来到谈判桌前，并将这些记忆整理为一个或几个“故事”文档。显然，这些故事的内容不可能包含“事实”发生的所有细枝末节，甚至它会由于各方当事人不同的价值观、信念等主观立场而存在有意或无意的删选。②这体现在当事人陈述“事实”时，陈述的主题均是集中在讲述自己受到人身伤害、违约侵害、诽谤或背叛的经历，意指纠纷的产生均是对方的过错。并且，双方均坚称，自己对事件的回忆和陈述才是真正的“事实”，对方说的是谎言。对此，美国著名调解学专家 Ken Cloke 也有类似的观点，其认为调解中的每一方当事人都会携带三个版本的故事来到调解中，但一般只会主动讲述第一个版本的故事，对于第二个和第三个版本的故事则会刻意地回避。实际上，当事人所讲的第一个版本的故事一般是尽可能地描述自身的遭遇，并希望调解员能够成为他们的救助者。第二个版本的故事，则会表露出一些当事人的主观因素，致使其形成一种羞耻感，并担心调解员会因此削弱对其原有的同情心。而第三个版本的故事往往才是解决纠纷问题的核心，因为它能从根源上解释当事人讲述另外两个故事的动机。③ 因此，调解员在调解中要能够透过现象看到本质，不能简单地将当事人最初所表达的信息直接作为后续调解的依据，应当考虑这是否是真正的“事实”，这是否体现了当事人的真正动机，是否还有未被发掘的深层利益。

---

① Chad S. Dodson，Marcia K. Johnson，Jonathan W. Schooler. The Verbal Overshadowing Effect：Why Descriptions Impair Face Recognition. Memory & Cognition：1997，129：25.

②③ Kenneth Cloke，Joan Goldsmith. Resolving Personal and Organizational Conflict，2000：1－10.

六、"损失规避"：巩固调解成果

损失规避（Loss Aversion）指的是在等量的损失和获利面前进行权衡、选择时，人们有着偏好规避损失而不是获得等值收益的强烈倾向。① 在经济学中，行为经济学认为人们有"损失规避"与"禀赋效应"的心理偏好。"趋利避害"是经济人的基本特点，但"趋利"与"避害"的心理过程往往是不等价的。根据行为经济学的研究，人们往往厌恶损失，从而会选择"损失规避"，对损失的重视要大于对收益的重视。② 而在心理学中，这一现象背后体现出的则是人们心理上的短缺感，当我们手中拥有一些东西的时候就会非常害怕失去它，尤其是在拥有时会赋予这些东西比在拥有前更大的价值。在调解中，当各方当事人初步形成和解方案时，调解员可以通过向当事人不断描述机会的难得，并告诉对方不抓紧机会，就会损失一笔收益，或者失去一次难得的体验等，从而强化当事人的这种短缺感，使当事人接受调解协议。正如有些调解专家所言："不管你们想出什么方案，最后都要用书面的形式写下来，把写下来的方案交给对方，让他们感觉手上已经拿到了一些东西，如果不达成协议，就会失去一些东西。作为调解员，如果我听到他们说'不行'，就会伸手把建议案拿走，有时甚至在他们面前就把它撕掉。你们可以想想，这种方法是不是一种强硬的做法，这是不是一个好的调解手段。我通常会在双方立场非常强硬时采取这种手段"③。损失规避原理常被应用于巩固已达成的调解成果。在调解中，最后的调解协议的内容往往不是一次性全部敲定的，而是由若干个小的议题的调解方案组成，对阶段性的调解成果的固定是调解中必不可少的内容。若干个小的调解共识对当事人来说便可以视为已经获得但很有可能会损失的利益，出于规避损失的考虑，这部分内容较为容易得到固定。此时，调解员要做的便是运用固定成果的技巧将其固定下来，为最后调解协议的达成奠定基础。

---

① 程波．美国调解技巧的社会心理学解读．湘潭：湘潭大学出版社，2016：109.

② 任方真．法院调解制度中的行为法经济学．福建法学，2008（1）：24－25.

③ 程波．美国调解技巧的社会心理学解读．湘潭：湘潭大学出版社，2016：121.

第三节　有问必答

一、如何运用心理学技巧促使道歉被接受

问：如果一方当事人拒绝接受另一方当事人的道歉该怎么办？有什么心理学上的技巧可以促进当事人接受另一方当事人的道歉？

答：解决这一问题的关键在于弄清楚对方为什么会拒绝道歉？原因无外乎两点：其一，道歉的诚意遭到质疑；其二，没有明确道歉之后所要承担的责任。针对这类原因，可以概括出如下两种有助于促使道歉成功的方法。

第一，将心比心，换位思考。好的道歉需要让双方在地位上感受到“平等”，并把是否“宽恕”的权利交给对方决断。道歉失败的关键在于，当事人一方并没有将自己与对方进行角色转换，没有设身处地地站在对方立场思考问题。一般情况下，如果当事人没能在第一时间向对方表示“诚心”的道歉，那其道歉的诚意将受到对方的质疑。

第二，勇于承担责任，放低姿态，学会适时让步。过于计较利弊得失，固执己见，是无法成就大事的。如果不能适时地作出让步，针对部分利益进行一定的取舍，适当地承担责任，仅凭一句“对不起”是无法取信于对方的。举例来说，意大利奢侈品牌“杜嘉班纳”辱华事件在中国引起轩然大波。虽然事后其创始人在社交媒体上公开道歉，但从杜嘉班纳的道歉函中可以看出，其措辞轻浮，态度傲慢，带给国人的感受是：我们道歉是不得已的，事实上我们并不认为自己有错，看到歧视是因为你们自身不够自信。鉴于“杜嘉班纳”创始人恶劣的道歉态度及再三推卸责任、狡辩虚伪的行为，它没有使中国民众感受其道歉的诚意。相反，中国民众十分抵触其傲慢的道歉姿态。因此，中国民众断然拒绝其“道歉”，坚决抵制其品牌在中国市场的发展。

二、如何从心理学角度解释当事人选择调解解决纠纷

问：当事人为何选择调解而非诉讼来作为帮助他们解决纠纷的手段？从心理学角度如何解释？

答：为什么当事人选择调解而不是进入诉讼程序？其中一个理由就是调解可以把双方所处理的争议范围扩大，也可以将双方原本达成的协议目标范围扩大，而这些在审判里是不可能做到的。比如，调解员在调解中提出一些评估意见，如预测法庭可能会如何判等，这些做法都是在帮助当事人思考，基本上都是协助性的技巧，是帮助当事人评估法庭可能的判决结果的一种工具，但法庭的判决结果不会命令当事人双方修复他们之间的关系。所以，“在法律的阴影下”调解能够达成的结果，可能会超越法庭里所能做的。

从心理学的角度来解释双方当事人为何接受调解而非诉讼来作为他们的解纷机制，首先，从当事人选择调解作为解纷程序的动机来看，纠纷双方对于他们过去的关系或曾经合作的经历还是抱有幻想的，他们潜意识里甚至并不希望与对方对簿公堂。

其次，从处理纠纷的结果来看，人们选择调解而非诉讼是因为它涉及心理学的“损失规避原理”，及人们害怕失去已拥有东西。诉讼程序必然会导致一方胜诉，一方败诉。一方面，败诉一方毫无疑问地损失了利益，而获胜的一方就真的没有损失吗？高额诉讼费用、时间的花费实际上也是一种损失。相比之下，调解的结果是争取让纠纷双方都成为赢家。以美国20世纪80年代的农场危机为例，在调解员的努力下，农场主和放贷者都改善了各自的处境。假如以法律为准的话，农场主可能会失去他们的土地，而放贷者获得的是难以售出的土地，而不是他们更想要的现款。① 调解的目的不仅是要去解决双方的争执、争议，也要去满足他们本身的利益。找出双方当事人的利益之所在，目的就是引导纠纷双方把目光从过去的争端、冲突上转向将来的一些共同利益中去。简单来说，诉讼的结果可能会导致利益的缺失，而调解的结果有可能实现利益的双赢。

三、调解员如何引导当事人有效地陈述

问：调解员还在进行开场白时，如果一方当事人就开始直截了当地讲他的故事，调解员该怎么处理，能不能干预他？相反地，如果一方当事人不愿意讲话，调解员该如何引导他多讲话，进而得到多一些的信息？

---

① 鲍．心理秘诀：影响目标实现的六个潜在动机．张真，王晓丹，译．北京：首都师范大学出版社，2012：23.

答： 首先，调解员应尽可能地掌控调解进行的节奏。有一些行为可能在普通的社交场合被视为不礼貌，但在调解中可以做。比如，在自我介绍中，调解员还没给他们解释调解是什么，调解的程序是什么，当事人就开始陈述事实，这时候调解员就可以干预他。调解员一定要很有礼貌地、及时地制止当事人继续讲自己的故事。因为调解员要中立，允许一方这么讲的话就得允许另一方也如此。所以，要是一开始两方都争着讲自己的故事，而这个阶段调解员还没给他们解释调解的程序和规则，特别是，还没讲保密的问题，也还没签署同意进行调解的协议，此时调解员再让他们继续讲就不合适了。

相反地，如果当事人不愿意开口讲述自己的事情，调解员可以尝试提出一些开放性的问题。例如，"你今天想谈点什么呢?"调解员可以通过对当事人进行微表情的分析，寻找突破口。也可以谈一些与调解主题并不直接相关的话题。

四、如何培养调解员的情商

问： 情商对调解员来说十分重要，那么调解员的情商可以培养吗？有什么具体的方法吗？

答： 成功的调解员通常都有很高的情商，他们十分善于同各类人群打交道。著名的心理学家丹尼尔·戈尔曼（Daniel Goleman）在他的著作《情商：为什么它比智商更重要》（Emotional Intelligence：Why It Can Matter More Than IQ）中将情商定义为"感知自身和他人情感的能力；激活自身动力的能力；管理自身及协调他人情绪的能力"[①]。他指出培养情商的主要方式可概括为四点。

第一，对自我情绪的认识（self-awareness）。作为调解员首先需要学会感受自身情绪的变化，能够预见某种情绪的出现，观察和审视自己的内心世界体验，它是情绪智商的核心，只有在调解过程中时刻感知自身情绪，才能阻断不良情绪的蔓延。

第二，自我控制力的培养（self-control）。调控自己的情绪，使之适时适度地表现出来。善于情绪管理的调解人，往往能快速平复自己的情绪。

---

① Daniel Goleman. Emotional Intelligence，1996：320.

第三，识别他人的情绪（social-awareness）。能够通过细微的外来信号、敏感地感受到他人的需求与欲望，认知他人的情绪，这是与他人正常交往，实现顺利沟通的基础。对于调解人来说就是要善于感知当事人的根本利益及诉求。

第四，人际关系处理技巧（social skills）。要掌握调控自己与他人的情绪反应的技巧，拉近与当事人之间的距离。例如，调解员在单方会谈中可站在当事人的角度与之对话："我很能理解您的感受"；"我想您当时一定很难过，这一定不是您的本意"；等等。

熟识这些技能可以使调解员加强与当事人之间的沟通，同时在应对特殊个性人群的挑战时，能及时制订出相应的解决方案。

第七章　调解协议及其履行

第一节　游戏演练

一、玉米是什么

（一）游戏规则

玉米是什么？（见图 7－1）一共有（A. 水果、B. 谷物、C. 蔬菜、D. 草）四个选项。请根据选项制作四个指示牌，分别由四个学员各拿一个指示牌站在房屋的四个角落。游戏开始前，学员有一分钟的时间思考如何进行选择。游戏开始后，学员们需要保持沉默，并走向自己认为是正确答案的指示牌处。每个角落的所有学员可以相互讨论、选择理由，并通过该理

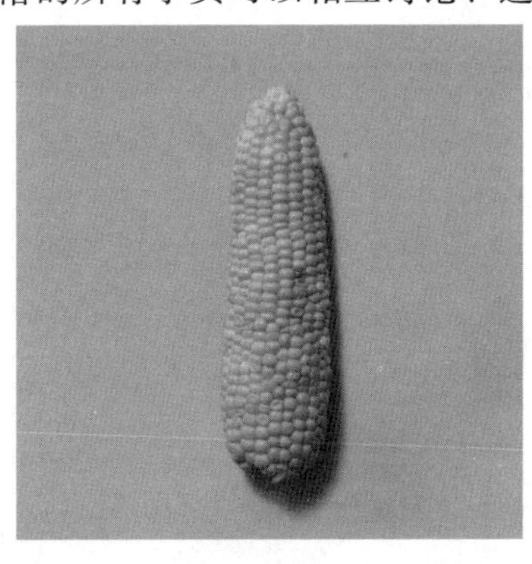

图 7－1

由说服其他学员支持自己的主张。每位学员发言完毕后，学员都可以变换自己所在的角落。人数最多的角落的学员为最终的获胜者。

（二）游戏过程

老师：

大家都知道，我们的房间有四个角。请学员 1、学员 2、学员 3、学员 4 分别持水果、谷物、蔬菜和草的标签牌，并分别站在房间的四个角落。我的问题是，玉米究竟是什么呢？请大家自由走到标有自己认为的答案的那个标签牌处。三、二、一，开始！我们有奖品的哦，要很有信心地跑向答案（见图 7－2）。

图 7－2

老师：

现在可以开始讨论，如果你们待会儿讨论出了好的理由，你们可以说服其他人走到你们所在的标签牌处。

（学员们开始激烈地讨论。时间快到了，大部分学员站在了“谷物”这一标签牌下。）

老师：

时间到！大家暂时不要动。我想听听你们对这个问题的想法。

学员 5：

（站在“水果”标签下）我觉得这四类都不是。

老师：

请告诉大家，你认为玉米是什么？

学员 5：

我觉得它就是一种粮食，既不是水果，也不属于其他三类，应该属于第五类——粮食。

老师：

我很高兴，这位学员主动说出了自己心中的想法。也许她是对的，也许她是错的，但她已经把自己的答案说出来了。她认为玉米是粮食，如果谁改变了自己的主意，觉得她是对的，可以走到她那边去。

学员 6：

（唯一站在“草”标签牌下面的学员）我觉得这个题目的所有答案，没有对错之分，这取决于对玉米在不同用途上的认识。为什么我会认为玉米是“草”呢？原因在于，如果我吃的不是玉米粒，而是玉米的茎，或者是玉米的须，那它就属于“草”。

老师：

这位学员的认识有一定道理。玉米真的是草。我是在农村长大的，玉米在生长过程中，刚开始都是绿油油的，像草一样，要是在它生长过程中不断地修剪，它永远都像草一样，就这么高。你们要是觉得他说得对，现在可以跑过去，没有什么可羞愧的！

老师：

我想听听学员 3 的想法，因为没有学员站在学员 3 举的“蔬菜”标签牌下。

学员 3：

玉米长得就像茄子和青瓜一样，所以我认为它就是蔬菜。你们都会同意茄子是蔬菜吧？（此言一出，有一位学员从“谷物”的标签牌处走到了“蔬菜”的标签牌处。）

老师：

看，已经有学员走到学员 3 那边了。还有学员想谈谈自己的看法吗？

学员 7：

如果在过去，玉米作为一种谷物是没有异议的，但在现代社会，谷物已经不是一种主要的粮食了，而是对人们身体非常有益的一种东西，跟水果一样，对身体很有好处。

学员 8：

我补充一点，中国的南方以大米为主食，玉米现在是作为一种健康的、有营养的水果一样的东西来吃的。

学员1:

我认为，水果一般都会有果粒，那就是它的种子，玉米粒就是这样，可以作为种子种到土里。只要我们精心浇灌，将来就能长出更多的玉米。

老师:

如果有哪位学员同意他们的说法，现在还可以走到他们所在的标签牌处。

学员9:

应该说，四个答案都是正确的。因为，老师给我们的分类系统并不是生物学领域的常规分类系统，而是一个根据民俗、生活方式来进行的性质分类。我觉得，之所以多数人站在“谷物”的标签牌处，是因为按照我们当前的生活习惯标准来判定的话，玉米主要属于谷物类。

老师:

我很高兴各位学员能各抒己见，谢谢大家。

（三）游戏启示

在这个游戏里，或许你在走到某个标签牌处的时候，还不确定自己选择的答案是否正确，但你一旦作出选择之后，就会决定站下去。也许我们听到其他人说的理由是有道理的，但我们似乎不那么容易改变自己最初的决定。即便有的标签牌处只有一个人孤立地站在那里，但他最后也没有走到另外一边人多的地方去。同样的道理，我们可以将这种思维用来理解调解中当事人作出的真实意思表示。在调解中，最重要的就是自愿性达成调解或者和解，现在我们极力倡导由纠纷各方当事人亲手共同签署书面调解协议。事实证明，自愿签署的调解协议的执行性往往比较好。

事实上，调解工作的开展不仅涉及法律知识的运用，还涉及许多脑神经科学和社会心理学的知识，通过“玉米是什么”的游戏，我们不难发现，尽管不少人试图运用自己出色的表达能力及技巧去说服别人，但只有寥寥数人改变了最初的立场。可见，我们要使两个持有不同立场的当事人改变立场是多么困难！所以，当我们作为调解员主持调解活动时，如果遇到双方僵持不下的局面，我们就需要做很多的工作。想方设法积极地扭转双方当事人之间矛盾对立的局面，这是调解员的职责所在。

二、竞拍 100 元人民币

（一）游戏规则

要拍卖的物品是一张面值为 100 元的人民币（见图 7－3）。参与竞拍需要遵循以下几个规则：第一，100 元人民币拍卖的最低价是 5 元，每一次增加的叫价为 5 元以上。第二，假如竞标成功，竞拍者按自己投标的价格付钱后，即可得到这张 100 元人民币。第三，叫价第二高的人也需要按叫价给付这笔钱。

图 7－3

（二）游戏过程

老师：

现在开始拍卖这张 100 元人民币，底价为 5 元，每次加价为 5 元以上，你们可以多轮出价，直到没有人出价，我说 1……2……3……成交时，拍卖就结束。

学员 1：

在我们竞标之前，我想知道我们究竟可以竞标几轮。

老师：

你们可以多轮出价。

学员 2：

我出 10 元！

学员 3：

我出 95 元！

老师：

还有人出价吗？记得刚才讲过的，倒数第二个出价的人也是要按出价付钱的。

学员 4：

100 元。

老师：

继续叫价啊？如果你出价 105 元的话，你最多只会亏 5 元。

学员 5：

105 元。

学员 1：

140 元。

学员 2：

145 元。

学员 4：

150 元。

（学员 1、学员 2、学员 3、学员 4 私下商量。）

学员 2：

我们不要再争了，如果再竞拍下去，吃亏的只会是我们两个人，只要这个竞拍的价格超过了 100 元，我们就输了。不如现在我们合作，由我来拍得这个 100 元，然后我们一起分担损失。

学员 1、学员 3、学员 4：

好，就按你说的做。

学员 2：

155 元！

老师：

谁还要出价？没有人要出价了吗？155 元一次，155 元两次，155 元三次，成交！请把钱掏出来，我是很严肃地对待这次竞标的！我要拿现金，这是真的竞标哦！（听他这么一说，学员 2 和学员 4 真的把现金交给了老师。）

谢谢！谢谢你们的参与，还是把钱还给你们吧！

学员 2:

请老师告诉我，怎样才能竞标成功?（学员 3 此时抢答……）

学员 3:

我出 90 元，如果竞标成功了，分你一半，我们早点沟通就对了。

老师:

或许我们应该先讨论一下为什么要玩这个竞标游戏，通过这个游戏能学到什么。大家都是聪明绝顶的人，给你们一分钟时间思考。一、二、三，开始!

（学员们开始讨论。）

老师:

时间到! 你们的答案是什么? 我们为什么要玩这个游戏? 有人想主动谈谈吗?

学员 4:

我想先知道，怎么样才能赢到这个钱呢? 我们讨论过，如果我们事前沟通好，我出 5 元钱，他出 10 元钱，然后我们都不再出价，赢的钱就可以平分。

老师:

你说的很对，这就是一种非常好的办法! 如果开始的时候能够让所有的人同意只由两个人出价，可能会赚得更多。甚至如果你们一开始就达成协议，只有 1 个人出价 5 元钱的话，就可以赚 95 元钱!

学员 1:

所以我们的教训就是，必须要合作，而不是持续的竞争。

老师:

说得很对。

(三) 游戏启示

在“竞拍 100 元人民币”的游戏中，当有人出价 95 元时，可能以为自己已经掌握了那 100 元人民币，其实他心里应该是很害怕失去那 100 元人民币的。也就是说，一旦我们进入类似竞争性的游戏，就只能背负着压力继续前行，因为大家都害怕失去更多。社会心理学中有种理论叫作“害怕失去一些东西”，即当我们手上拥有一些东西的时候，其实是非常害怕失去已经掌握的东西的。但是，我们越怕失去一些东西，就越停止不了竞争，最后的结果就是两败俱伤。在调解领域也是如此。虽然现在存在人民调解、行政调解、商业调解、行业调解、法院调解等多种调解方式可供选择，但就实现纠纷解决而言，各类调解方式存在共通之处——各方当事人在追求达成调解合意的过程中，不能一味地强调追求自身的利益，而要学会适当妥协与放弃，以谋求与对方当事人的合作共赢，避免两败俱伤，如此才能最终达成调解（或者和解）。因为在调解失败后，当事人往往会选择诉讼进行权利救济。诉讼一旦开始，纠纷解决的时间成本及经济成本比调解的要高很多，无形的压力也将迫使当事人继续坚持下去，否则根本无法说服自己为什么一开始不在调解中妥协让步，而最终的结果多半是两败俱伤。简而言之，各方当事人只有本着合则两利的心态，积极地通过相互之间的妥协退让，才能顺利通过调解化解矛盾纠纷。

第二节　知识要点

一、调解协议的形式、内容及效力

“作为一种合意型纠纷解决机制，双方当事人能够就调解协议协商一致或者共同认可调解人提出的调解方案才是调解列车的终点站。”[①] 毋庸置疑，衡量调解是否成功的因素中很重要的一点是，当事人双方是否达成调解协议。下面我们主要对调解协议的形式、内容与效力进行介绍。

（一）调解协议的形式

对于调解程序来说，最终协议的形式非常重要。调解协议的形式通常包括口头形式与书面形式。众所周知，文书在任何国家都具有很重要的法律意义，法庭将来很有可能要求解释、展示其内容。达成调解之后，调解员一般会准备好正式的调解协议文本。在调解中，谈判桌上达成的初步协议和最终写下的协议很可能存在细微差异，所以通过书面形式确认并再经

① 李浩．调解归调解，审判归审判：民事审判中的调审分离．中国法学，2013（3）：6.

当事人签署的环节非常重要。为确保调解协议反映当事人的真实意思表示，调解员在调解程序中需要把当事人达成一致的事项记入笔录，并且利用调解笔录辅助形成书面调解协议以供当事人确认。相对而言，调解员宜以书面形式将调解协议的内容具体化，但书面形式并非调解协议制作的必要条件。如果当事人认为没有必要制作书面形式的调解协议，也可以采取口头协议方式。从当事人角度看，签署文书比口头形式显得更加严肃。

在调解协议起草过程中，调解员需要对法律有一定了解，以确保协议的合法性。该协议可能是以一个合同或者谅解备忘录的形式呈现的。但在少数情况下，调解协议也可能是口头形式的，有时口头形式的调解协议较书面形式的调解协议更符合纠纷解决的特殊要求。以法院调解为例，根据《中华人民共和国民事诉讼法》（以下简称《民事诉讼法》）第 98 条规定，调解和好的离婚案件、调解维持收养关系的案件即能够即时履行的案件等在达成调解协议后无须制作调解书。[①]

（二）调解协议的内容

对于调解协议的具体内容，常见的条款包括：当事人条款、和解内容及履行方式条款、和解履行完毕后的权利放弃条款、保密条款、调解协议的最终性与完整性条款、协议条款效力独立条款、律师费及调解费条款等。从文本规范层面来看，我国司法部 2002 年 9 月 11 日通过的《人民调解工作若干规定》第 35 条规定之“双方当事人基本情况”“纠纷简要事实、争议事项及双方责任”“双方当事人的权利和义务”“履行协议的方式、地点、期限”“当事人签名，调解主持人签名、人民调解委员会印章”等为人民调解协议“应当载明”的事项。2010 年 8 月 28 日通过的《中华人民共和国人民调解法》（以下简称《人民调解法》）第 29 条规定之“当事人的基本情况”“纠纷的主要事实、争议事项以及各方当事人的责任”“当事人达成调解协议的内容”“履行的方式、期限”等为人民调解协议“可以载明”的事项。必须申明的是，从“应当载明”到“可以载明”的表述变化，即反映出调解协议的达成应坚持由双方当事人自主意愿决定的立法本意。

此外，大多数协议里的条款可能涉及金钱给付问题，例如，一方要向

---

① 全国人大常委会法制工作委员会．中华人民共和国民事诉讼法释义．北京：法律出版社，2012：224.

另一方给付金钱。而在与金钱给付无关的协议中，双方可同意协定一些不违法的行为，也可协定一方或双方都不做一些事情。在美国马萨诸塞州，自古以来，对所有的纠纷，包括但不局限于与金钱索赔有关的纠纷，都可以去调解法庭起诉，这是一般性救济方式，也是最后的救济手段。通常，选择调解的双方都会同意，如果达成协议，双方都会撤案。在大部分商业调解里，双方也会同意，不以任何恶言来攻击对方，即不说对方的坏话。并且，双方达成的协议都会写上和解的金额，但和解金额是保密的，且不得违反商业政策。法院可以在不知道和解金额的情况下，批准该和解协议。

必须强调的是，法院在两种商业性质的调解中扮演监督者的角色：第一种是集体诉讼。在这种诉讼中可能有多个原告（分别有代理律师），他们以消费者身份或者代替其他消费者起诉，这类诉讼可能涉及众多群体。因为这类案件涉及众多人的利益，故法庭会监督调解的进行。第二种是公益诉讼。例如，美国著名的哈德逊优美环境保护协会诉联邦电力委员会案，该案历经 15 年，以“哈德逊河和平条约”的签署而告终。① 事实证明，法院确实可以处理类似牵连甚广的公益案件，但这会旷日持久，而且会消耗很多司法资源。考虑到案件的公益属性，这类案子由法庭进行监督相对适宜。当然，尚需相应的安全措施保障公共利益，譬如法院不予执行那些不合法的合约。

（三）调解协议的效力

调解协议的效力问题是关系调解协议能否顺利履行的重要议题。按照美国法律的做法，调解协议的效力等同于合同的效力，除非调解是发生在已经提起诉讼的情况下，调解协议已经被法庭采纳为判决的一部分。在中国，《民事诉讼法》最初将确认调解协议案件的适用范围限定为人民调解协议。② 而当前适用确认调解协议案件的范围正扩展至各类调解组织主持达成的具有民事合同性质的调解协议。③ 此外，中国的学术界对于调解协议的效

① 陈岳琴．Storm King：美国环境公益诉讼的经典案例．世界环境，2006（6）：34－35.

② 全国人大常委会法制工作委员会．中华人民共和国民事诉讼法释义．北京：法律出版社，2012：456.

③ 沈德咏．最高人民法院民事诉讼法司法解释理解与适用（下）．北京：人民法院出版社，2015：919.

力问题亦众说纷纭。有学者根据调解协议的性质对其效力进行类型化：人民调解协议具有民事合同的性质；行业调解协议原则上仅具有民事协议的性质，但可申请公证机关依法赋予强制执行效力；行政调解书经双方当事人签字确认即具有法律效力，亦可作为行政机关强制执行或者申请法院强制执行的依据；仲裁调解协议和法院调解协议具有强制执行效力。① 也有学者认为，调解协议具有民事合同效力、强制执行力、既判力三个层次的法律效力，其中，合同属性是调解协议的最基本属性，通过《民事诉讼法》《公证法》《仲裁法》等相关规定来实现强制执行力及既判力。②

客观来讲，借助司法确认程序而使调解协议这种具有私人性质的合同文书获得强制执行的法律效力，这对于巩固调解协议的成果意义重大。司法确认程序使原本只具有私法属性的调解协议具有了司法属性，这种性质的变化必然及于其效力的变化。民事合同系调解协议的初始效力，这是一种实体性效力。调解协议的核心在于合意，这就决定其与和解的差异仅在于程序，而不在于实体。③ 日本学者棚濑孝雄通过对纠纷解决过程进行类型化分析，认为诉讼是根据决定的纠纷解决方式，调解则是根据合意的纠纷解决方式。④ 这种借助法社会学的分析视角得出的“合意型”价值判断已成为中国学术界对调解及其达成之协议性质的基本共识。因此，基于意思自治原则与契约自由之法理价值，我们必须从根本上承认调解协议具有民事合同的性质及效力。

二、保障调解协议履行的措施

调解协议达成之后，紧接着的就是调解协议的履行问题。从严格意义上来讲，调解协议的履行不是调解程序的一部分，但是调解员仍然有义务协助双方当事人履行协议。调解员应当监督调解协议的履行，譬如，由调解员转交标的物或者赔偿金，协助双方当事人登记调解协议或者寻求对调

---

① 廖永安．中国调解学教程．湘潭：湘潭大学出版社，2016：102-107.

② 中国国际贸易促进委员会，中国国际商会调解中心．商事纠纷调解事务．北京：清华大学出版社，2013：142-151.

③ 彭娇．论调解协议的效力．海南大学学报（人文社会科学版），2015：126-127.

④ 棚濑孝雄．纠纷的解决与审判制度．王亚新，译．北京：中国政法大学出版社，2004：10-18.

解协议的司法确认等。考虑到保密条款的设置，调解协议不能作为证据材料证明双方当事人调解之前的真实的权利义务关系。调解协议的达成并不能保证当事人的利益得到比调解之前更强的保护。只有把达成的调解协议履行完毕，调解才算成功。那么，应当如何保证当事人自觉遵守、如期履行调解协议呢？

（一）坚持自主自愿调解

不言自明，自愿签署调解协议对于保障调解协议履行具有重大意义。促成当事人自愿签署调解协议的方式有很多，本书在前面几章中已经阐述了诸多有利于当事人自主自愿达成调解协议的技巧。对于通过这些技巧而使当事人自愿达成的调解协议，当事人通常都能很好地履行。

此处需要特别强调与重申“由当事人自己提出解决方案”这一技巧对当事人自愿履行调解协议的作用。这是调解中一项非常重要的确保调解协议履行的经验，也是域外调解区别于我国调解的地方。在域外许多调解机制发达的国家，其调解特别注意由当事人提出解决方案。毋庸赘言，相比于由调解员提出调解方案，当事人在自己提出解决方案的情况下反悔的可能性要小很多。调解作为一种非正式的纠纷解决方式，有时并非必须完全在法律层面辨明是非对错，更多的是通过当事人之间的合意（即当事人内心真实的想法）实现纠纷化解。譬如，在美国调解经典案例之“商业地产租金争议案”[①] 中，调解员詹姆斯·麦圭尔（James Mc Guire）在第一次联席会议召开之初就提出了相关注意事项：“调解不是一个正式的程序，我们在这个程序中会讨论你们之间的问题并想出解决方法……虽然我具有律师身份，但我现在的角色是调解员，我不作法律意见的分析，但可以给你们做一个宏观的判断……处理你们问题的关键在于你们想怎么办，而不是分辨双方在法律层面谁对谁错。”该案充分运用调整当事人预期、当事人自己提出解决方案等技巧，最终以双方和解告终。无数事实证明，坚持开放性与自愿性的调解策略，把解决方案的权利交由双方当事人，更能确保当事人自觉履行调解协议。

（二）让当事人即时履行调解协议

根据经验得知，最有效的手段是尽量让当事人在签署调解协议之时就

① 本案材料由美国JAMS公司调解员詹姆斯·麦圭尔先生提供并授权本书使用。

履行，或者至少部分履行。这是一种把双方权利义务关系进行灵活性处理的思维，具体包括调解员重述、案件切割、签订部分调解协议和部分履行等。调解员重述是在当事人并非特别明确地表示就部分争议可以达成和解时，调解员应当及时将其意愿提炼，以明确的语言表达出来，再要求当事人确认。案件切割是要调解员将案件的争议分割成几个部分，告诉并取得当事人的同意将案件可以分成几个部分，一部分不能达成和解不影响其他部分可以达成和解。面对一宗包含多个部分争议的纠纷，其中有的容易解决、有的难以解决的情况下，这种措施往往非常有效。签订部分和解协议和部分履行是指调解员可以在达成部分和解的情况下就该部分达成的和解签订书面协议甚至履行。在前述“竞拍 100 元人民币”的游戏中，充分体现了“人们害怕失去已经拥有的东西”的道理，生动形象地将社会心理学的知识运用在调解领域。可见，当事人履行部分义务的思维运作将会大大增加当事人完整履行调解协议内容的概率。

（三）分析解纷成本促使当事人自觉履行调解协议

在现代社会权利救济方式多样化发展的背景下，纠纷解决成本的考量无疑具有推动当事人自觉履行调解协议的魔力。依常理而言，当事人系抱着尽可能降低纠纷解决成本的态度达成调解协议的，换句话说，双方当事人都具有迅速化解矛盾纠纷的强烈愿望。此时，若不自觉履行调解协议，不仅违背了最初纠纷所涉及权利义务的履行，也违背了调解协议层面赋予双方当事人的权利义务。不履行调解协议的情景预设与当事人迅速化解矛盾纠纷的初衷背道而驰。笔者认为，对双方当事人进行纠纷解决成本的分析，有利于提升当事人的理性解纷意识，可起到促使当事人自觉调解协议履行的良好效果。

众所周知，纠纷解决成本的高低通常基于不同的纠纷解决方式，低耗高效乃调解从众多纠纷解决方式中脱颖而出的要因之一。然而，一旦当事人不自觉履行调解协议，不仅违背了调解协议的权利义务关系，亦将引发调解双方原先矛盾的进一步加剧。当调解无法继续推行之时，为追求正义，诉诸司法成为多数人无可奈何的选择。调解员可依此情景预设为当事人分析其坚持的诉讼可能产生的成本、收益和风险，从而达到使当事人自觉履行调解协议的目的。按照纠纷解决的显性成本主要是经济成本与时间成本的逻辑思路，在此即从这两方面展开简要论述。

就经济成本而言，我国民事诉讼成本主要包括诉讼费用与律师费用。根据我国现行《诉讼费用交纳办法》第 29 条的规定，诉讼费用以由败诉方负担为原则，以由胜诉方负担为例外。对于这一原则，我国虽未采取强制律师代理制度，但败诉方负担律师费用的依据并不鲜见，不论是以英、美为首的英美法系国家，还是以法、德、日为代表的大陆法系国家，均不同程度地认可律师费用由败诉方负担原则。我国虽未在立法层面明确制定律师费用转嫁于败诉方的相关规定，但顶层设计者早已在民事公益诉讼案件、利用信息网络侵害人身权益民事纠纷案件、知识产权纠纷等案件类型中展开初步探索。[①] 在此举一具体例子说明，假设原告有一半的胜诉机会，而胜诉之后可获得赔偿的比例很可能是 60%，而律师费用是 3 万美元，那就可以计算出，原告坚持诉讼最终将拿到 6 万美元的机会比较大；同时原告可能直接输掉诉讼，那么其也有最终收益为零且需负担律师费的可能性；如果原告能拿到 100%的赔偿比例，则最终拿到 12 万美元，但是这种情况的可能性比较小。一般来说，人们在提起索赔时往往对风险收益有模糊的认识，绝大多数人都认为自己应该获得索赔额的 50%以上。[②] 在调解员的帮助下，如果当事人能够进行诉讼风险收益分析，当事人往往能够调整自己的心理预期，消除不切实际的回报幻想，自觉履行调解协议便顺理成章了。

就时间成本而言，相较于部分域外发达法系国家，我国在一审、二审

---

① 具体参见最高人民法院《关于适用〈中华人民共和国合同法〉若干问题的解释（一）》（法释〔1999〕19 号）第 26 条、最高人民法院《关于审理著作权民事纠纷案件适用法律若干问题的解释》（法释〔2002〕31 号）第 26 条、最高人民法院《关于审理商标民事纠纷案件适用法律若干问题的解释》（法释〔2002〕32 号）第 17 条、《最高人民法院关于审理利用信息网络侵害人身权益民事纠纷案件适用法律若干问题的规定》（法释〔2014〕11 号）第 18 条、最高人民法院《关于审理环境民事公益诉讼案件适用法律若干问题的解释》（法释〔2015〕1 号）第 22 条、最高人民法院《关于审理消费民事公益诉讼案件适用法律若干问题的解释》（法释〔2016〕10 号）第 18 条等。此外，2008 年 11 月 1 日，广东省深圳市第四届人民代表大会常务委员会公告第 83 号《深圳经济特区和谐劳动关系促进条例》第 58 条规定："劳动争议仲裁和诉讼案件，劳动者胜诉的，劳动者支付的律师代理费用可以由用人单位承担，但最高不超过五千元；超过五千元的部分，由劳动者承担。"这是全国首先在地方性立法中直接规定由败诉方负担律师费（即用人单位承担劳动者律师费）的法规，该条例于 2019 年正。

② 廖永安，覃斌武，史密斯．美国调解经典案例评析．湘潭：湘潭大学出版社，2013：14－15.

程序中设有相对紧凑的审限规定，但对于本不必诉诸司法而可在诉讼外调解程序中化解的纠纷而言，纠纷解决的成本仍属昂贵。从终极意义上讲，由败诉方当事人负担诉讼费用的制度目的，是一种摩擦系数几乎等于零且无论怎样微小的权利侵害都能得到立即克服的理想境界。[①] 这是仅限于诉讼领域的成本理念。但是，“无论审判能够怎样完美地实现正义，如果付出的代价过于昂贵，则人们往往只能放弃通过审判来实现正义的希望。”[②] 公允地讲，在中国普适性的追求正义领域，调解仍然是最优质的纠纷解决方式之一。甚至毫不夸张地说，在启动调解程序之时，调解员需要询问当事人的问题或许并非是否同意调解，而应该是什么时候进入调解。因为越早达成和解，对双方当事人越有利。因为，只有在各方当事人自觉履行协议事项之后，矛盾纠纷方得以彻底消除，纠纷解决成本的投入才算停止。因此，在调解协议中，双方当事人可以约定，如果违反调解协议引发诉讼，败诉方必须承担胜诉方的诉讼成本，以此促使当事人自觉履行调解协议。

（四）引入诉讼程序，保障调解协议履行

1. 申请以判决的方式来确认调解协议

面对调解协议未被当事人自觉履行的情况，可以将所涉纠纷引入司法程序予以救济。一旦诉诸司法程序，即会出现法庭是否采纳调解协议的迥异局面。若法庭判决采纳调解协议，这属于把调解协议视为合同的例外情形。在已经起诉的案件中，一方当事人申请以判决的形式来确认调解，调解协议随之成为法院判决的一部分。此时，调解员除了要准备好合同外，还要准备必须向法庭提交的动议（Motion）。动议是调解员（或者当事人）向法庭提出的申请，要求法院审查调解协议的具体内容，并以判决形式确认双方当事人的权利义务。考虑到法庭判决采纳的调解协议将被视为判决的一部分，因此，当事人能够以判决执行的方式使调解协议得到履行。应当说，这种情况下调解协议的履行是很有保障的。

---

① 田中英夫，竹内昭夫．私人在法实现中的作用．李薇，译．北京：法律出版社，2006：19－20.

② 棚濑孝雄．纠纷的解决与审判制度．王亚新，译．北京：中国政法大学出版社，2004：267.

2. 运用调解协议司法确认制度

事实上，引入诉讼程序保障调解协议的履行并不意味着当事人之间的调解协议必须进入到审判程序中。在中国现行立法体系中，专门设有以特殊的法定程序对调解协议的履行予以保障的机制。最典型的是人民调解协议司法确认制度，它是指人民调解达成的协议可以向法院申请司法确认，如果一方当事人在达成和解协议之后拒绝履行，那么经过司法确认的调解协议可以被强制执行。自 2011 年起施行的《人民调解法》第 33 条首次以立法形式引入司法确认制度，意在引入司法力量提升人民调解协议的履行率。为在民事诉讼立法中形成相对应的制度衔接，2012 年修正的《民事诉讼法》在特别程序中专门新增“确认调解协议案件”条款，对确认程序、法院管辖、法律文书形式以及效力等具体事项作出了明确规定。人民调解协议司法确认制度的适用，无疑强化了调解协议的效力，推动了司法与非诉机制之间的有效衔接。此外，最高人民法院《关于人民法院民事调解工作若干问题的规定》（法释〔2004〕12 号，2008 年修正）第 10 条规定之民事责任条款及最高人民法院《关于进一步贯彻“调解优先、调判结合”工作原则的若干意见》（法发〔2010〕16 号）中提出所谓“倒钩”条款，均为立足于诉讼程序而设置的保障调解协议履行之措施。

第三节 有问必答

一、如何确保调解协议不侵犯第三方的合法权益

问：社会矛盾纠纷相对复杂，往往涉及非调解双方当事人的利益。在美国，怎么确保调解协议不侵犯第三方的合法权益呢?

答：调解中有一条很重要的原则：调解员控制过程与程序，当事人控制结果。调解员要问的第一个问题是，涉及纠纷的所有当事人都在这儿了吗? 所以从这时开始，当事人在这个过程中，就会聆听。假如有律师代理的，他们知道当事人想要达成协议的事项是否可行。假如协议涉及不止两方，还有可能侵犯第三方利益时，第三方可依法到法院起诉。法官会就此

询问关于第三方利益受损的问题。由于第三方不属于协议主体，所以这种协议对于第三方是没有约束力的。在众多调解案件中，大约10%的案子涉及第三方利益。通常的做法是把调解的范围扩大。如在“专业医疗仪器公司与孟买合伙人公司案”[①] 中，查塔瓦（Ronald Chattawa）是该案的第三方，那如何处理他的利益呢？也许我们会同意再来一个独立的调解，在那个调解中，把第三方也请过来。甘地夫人可能说，如果查塔瓦给她5万美元，她就会把起诉查塔瓦的案子撤诉，并把他当成一个友好的竞争对手。总之，应当在法律的框架下进行调解，使法院和法律始终成为我们的守护神。

二、法院如何处理当事人既不履行调解协议也不撤诉的情况

问：现实中大量存在以撤诉为条件要求对方履行调解协议的情况，但在当事人既不履行调解协议也不撤诉的情况下，法院是审理之前的纠纷，还是审理调解协议呢？

答：假如达成的协议等同于一个合同，不履行行为即构成违约，此时当事人即可向法院另行起诉，追究对方当事人的违约责任。假如达成的协议属于法院确认命令、判决等，不履行行为就等于违反了法院的命令，当事人可以就此向法院申请强制执行。具体而言，当调解当事人向法院起诉并使案件系属法院后，法官是完全不会介入调解程序的。法官只是处理案件程序上的争执，设定审判日期等。在开庭之初，法官只会问当事人愿不愿意调解，愿意接受调解的双方当事人可径行开展调解活动。不论是通过调解员主持调解达成和解的，还是双方代理律师通过谈判实现和解的，双方当事人只需及时告知法官调解合意的结果，并请求法官把他们在法院的案件档案清理掉即可。事实上，法官根本不知道当事人调解合意的过程。为确保清理案件的正当性，法官一般会再次询问当事人或律师，是否确定撤诉。如果双方同意撤诉，该案就此终结。但是，如果已经撤销案件而任

① 该案源于美国萨福克大学法学院 Dwight Golann 调解的一件商业案件，Golann 教授特意授权本书作者使用该案材料。本案具体版权信息如下：Copyright 2009 Dwight Golann，Suffolk University Law School USA. All rights reserved. For permission to use or reproduce，contact dgolann@suffolk. edu.

意一方当事人不按约定履行达成的调解协议，法院不会因此而接受任何一方当事人要求撤销先前撤诉行为的请求。所以，在调解程序结束后，调解员一般都会就调解过程及结果草拟一份书面协议。该草拟协议的性质类似于一份合约，任意一方不履行的话，另一方可就此向法院提起违约诉讼。

当一方当事人把该协议拿到法院起诉另一方当事人违约时，法院审理的对象究竟是原来的纠纷还是双方之间的调解协议呢？对于这一问题，目前并没有形成相对明确的认知。2002 年发布之《人民调解工作若干规定》第 37 条第 3 款、2009 年最高人民法院《关于建立健全诉讼与非诉讼相衔接的矛盾纠纷解决机制的若干规定》第 20 条、国务院提请全国人大常委会审议的《人民调解法（草案）》第 29 条等坚持的观点是，当事人请求履行调解协议、请求变更、撤销调解协议或者请求确认调解协议无效的，可以向人民法院提起诉讼。事实上，在对《人民调解法（草案）》审议、征求意见的过程中，有人提出，调解协议原则上应当靠当事人自愿履行，若在达成协议后反悔的，应当允许当事人通过诉讼对原纠纷进行彻底处理；也有人认为，若当事人就调解协议的履行产生争议后，就请求履行、变更、撤销调解协议而向法院起诉，因为法院不可避免地要对原纠纷进行审理，故不如依据《民事诉讼法》的规定，直接要求当事人对原纠纷进行诉讼。[①] 结合《人民调解法》第 32 条的规定，可以看出，立法者在综合权衡之下，将人民法院审理对象的选择权交予司法者，赋予法官自由裁量的权利。通常而言，法院在面临这一问题时，考虑的并不是原来的纠纷，而是审理调解协议是否违约的问题。对于这一实务选择，实际上存在审慎考量的必要。因为调解程序的进行乃双方当事人行使程序选择权的结果，调解协议是基于原被告双方（尤其是权利人一方）妥协退让而达成的，不履行调解协议未必仅因一方原因造成，可能双方当事人均对此负有相应的责任。故而，对于法院审理对象的择定，应从实质正义角度予以综合考量。

保障协议履行的另一个途径就是，当当事人达成协议时，告知法官他们达成调解协议，案件无须再行审判，但他们需要将协议拿到法官面前，由法官在法庭上公开宣读协议内容，并在法院留下记录。然后，他们将参

---

① 扈纪华，陈俊生．中华人民共和国人民调解法解读．北京：中国法制出版社，2010：127-128.

加听证程序，要求所有当事人在场，当众宣读协议，让法庭做一个记录。届时，法官会询问各方："这是你同意的协议吗?"如果各方的律师和当事人都说是，法官就会盖一个法院的章，并在下面签名，表明这是经法官确认的。一旦经过听证程序，一方当事人还不履行的话，另一方当事人可就此向负责案件的相关法官告知对方当事人违反法官命令的行为，法官又会为此举行一个听证程序，通过听取证言来发掘事实真相，从而作出裁决。这就是法院遇到类似情形的处理办法。

三、如何正确认识律师在达成调解中的作用

问：实践中不乏当事人的代理律师参与调解，有时候甚至是代理律师单独参加调解的情况。那么，在调解中，律师对调解协议的达产将产生积极的推进作用还是消极的阻碍作用呢？若是积极作用，将体现在哪些方面？若是消极作用，有没有很好的办法应对？

答：调解员要关注调解中的每一个人，每一个人都有可能成为调解成功与否的关键因素。在调解中，当事人的代理律师是常见的参与角色之一，有时候当事人甚至委托代理律师单独参与调解。一般情况下，代理律师都是充当当事人法律顾问的角色。如今，有相当一部分纠纷进入调解前往往都经历了当事人向法院起诉这一环节，因此，当事人聘请律师的第一目的是咨询与纠纷相关的法律问题。在调解中，律师的意见成了当事人是否接受调解的主要参考标准。因此，当律师在场的时候，调解员在提醒当事人注意诉讼风险的同时，可以象征地说出"这个问题你的代理律师应该也是知道的""不信的话，你可以问你的代理律师"等暗示性的话语，提醒当事人风险存在真实性。如果调解员的观点得到了律师的认同，当事人可能会更加认真地考虑调解员的提议。同时，当事人往往因为纠纷涉及的专业性问题而陷于逻辑困境，此时，调解员可以与具有专业法律知识的代理律师进行沟通，再由代理律师向当事人解释。或许基于对代理律师的信任，当事人能够放下自己的固执。由此可见，有时候代理律师也能成为调解员与当事人之间沟通的桥梁。

当出现代理律师单独参与调解的情况时，代理律师同时还兼具了传达信息的职能，代理律师传达的效果也会直接影响调解的效果。因此，调解

员可以和代理律师进行协商，请求代理律师以自己的表达方式向当事人传达信息。同时，调解员还要弄清楚代理律师的权限。如果代理律师取得了全部的代理权限，则调解员可以直接与代理律师进行协商。如果代理律师并未取得充足的代理权限，则调解员要提醒代理律师及时向当事人转达调解员的信息，适当的时候向代理律师建议请当事人亲自参与调解。

然而，实践中也存在律师妨碍调解进程的情况。比如当事人明明愿意和解，但律师劝说当事人坚持原来的立场，进行诉讼。不过这种情况不是很常见，律师是为当事人服务的，律师的职业道德要求律师必须尽力维护当事人的利益，尊重当事人的需求。如果律师为了赚取更多的律师费而劝说当事人进行诉讼，这种行为是不道德的。在美国司法实践中，律师都会倾向于调解，这有两方面原因：（1）美国律师职业道德要求严格，违反律师职业道德有被取消执照的风险；（2）虽然和解解决的案件律师收费较少，但是律师节省了时间，可以代理其他案件，总体收益未必减少。这种现象背后的原因是美国法律业务市场非常发达，律师有充分的案源。在我国，随着社会经济的多元化发展，社会矛盾纠纷会越来越复杂，法律业务市场会越来越大，所以律师为一己私利而妨碍调解进程的情况会越来越少。

如果调解案件中真的遇到律师恶意妨碍调解进程，则调解员大概有两个思路处理：第一，虽然不太可能避开律师单独和当事人会谈，但是调解员可以单独和律师会谈，调解员可以和律师谈诉讼的风险、律师职业道德等问题；第二，调解员可以在当事人及其律师在场的情况下，要求律师说明其认为的胜诉概率、是否存在败诉风险、败诉之后如何处理等。按照律师职业道德，律师不能承诺案件完全可以胜诉，也不能给出一个比如70%的胜诉率之类的说法，律师只能承认存在败诉风险。通过这两种处理方式，可以在一定程度上解决律师妨碍调解进程的问题。

四、美国调解的类型有哪些

问：请问美国有哪些类型的调解呢？各种调解类型有何特色？

答：在美国的调解当中，有三种最主要的形式：第一种是社区调解机构。它是为社区内的市民提供的公共服务。这些调解员都是一些志愿者，无偿地为社区内的市民提供调解服务。美国有很多社区调解机构是非政府、非营利的民间机构。第二种是具有商业性质的营利性调解机构，例如JAMS公司。这些调解公司的主要服务对象是有经济能力，能够负担调解费用的群体。第三种是法院附设调解。法院附设调解项目的调解员很多都是来自法院。有时法院也会向一些民间调解机构提供一些机会，由他们来进行调解。同时需注意，有些法院也有一些试点调解项目，这些项目是由法官、律师以及其他一些社会人士共同设计的，主要是处理一些法院受理的特殊类型案件。这虽是法院附设调解中一些比较特别的调解项目，但并不算是一种类型。当然，也有不少州法院可能为了处理某类案件而专门设置特别调解员资格的程序，并据此把合格的调解员名单列出来。

第八章　美国法院附设调解

第一节　游戏演练

一、替代商品的销售

（一）游戏规则

规定场景：顾客李雷到家附近的便利商店买绿茶（见图 8－1），但不巧的是，便利商店里只有红茶与黄茶可卖，但是商店的老板张某不想错过这一次销售商品的机会，那么商店老板如何劝说顾客李雷放弃购买绿茶，而购买商店里的其他商品呢？（除以上限定条件之外，其他条件可以自由发挥）

图 8－1

邀请四名学员上台，分成两个小组。每个小组里的两个学员自由选择扮演顾客李雷或者商店老板张某。同样的游戏，两组依次进行。游戏结束之后，请几位观看的学员作出评价，并请做游戏的学员谈谈自己在游戏过程中所遇到的难题。

（二）游戏过程

第一组：

老师：

现在有请第一组学员上场，经过自由选择后学员 1 扮演顾客李雷，学员 2 扮演扮演便利商店老板张某。

学员 1：

老板，我想买一些绿茶。

学员 2：

先生，真不凑巧，今天店里的绿茶刚好卖完。不过我们这有红茶和黄茶，都还不错，您看可以吗？

学员 1：

家里要来客人，马上就到，这么热的天，喝红茶是不是不太合适啊？黄茶的话，招待客人合适吗？

学员 2：

这样的话，喝红茶确实不合适。但是我们这还有黄茶，黄茶本身就具有很好的提神醒脑、消除疲劳、消食化滞作用，用黄茶招待远道而来的客人，正好可以消除他们旅途的疲乏。客人舟车劳顿，肯定不怎么想吃东西，黄茶还能开胃助消。再说，您说客人马上就到，再去其他地方买，时间也有些紧张。

学员 1：

也是，那就给我来些黄茶吧，我也不想远走了，客人马上就过来了，本来打算泡茶招待他们的，这才发现家里没茶叶了。

学员 2：

您放心，我这是上好的君山银针，价格公道，招待客人也拿得出手。

第二组：

老师：

第一组的“销售”看起来很顺利，那么现在我们看看下一组学员的情况。现在有请第二组学员上场，经过自由选择后学员 3 扮演顾客李雷，学员

4 扮演便利商店老板张某。

学员 3：

老板，有绿茶卖吗？

学员 4：

美女，不好意思，店里的绿茶上午正好卖完。不过我们这有红茶，您看需要不？

学员 3：

我就是想提提神，手头的稿子写一天了还没弄完，估计今天晚上还得熬夜，我就是想买点绿茶提提神。

学员 4：

原来是这样啊，我们这有咖啡提神效果也不错，您看可以不？

学员 3：

那还是算了吧，我受不了咖啡的味道，不然也不会跑来买茶叶了，家里朋友送的咖啡还剩好多。我还是到别的店去看看吧。

学员 4：

别啊，美女。这么晚了，附近其他店估计早就关门了。我刚想起来，我们这还有黄茶，它的提神效果也很好，你要不要试试啊？

学员 3：

黄茶？之前很少喝啊，提神效果好吗？

学员 4：

我保证肯定不比绿茶差，黄茶只是比绿茶多了一道闷堆工序，自身的提神作用也很强。你买些回去试试，效果差的话，你回来找我，保证退货。这街坊邻居的，我都在这干了这么多年了，肯定不会骗你的。

学员 3：

好吧，你给我来点吧，我回去试试。

老师：

好，现在两组游戏已经做完了，观看完两组学员的对话，在座的学员有什么想要说的吗？

学员 5：

我觉得第一组学员之所以可以卖茶成功，是因为卖茶叶的学员在短暂的对话中，成功地弄清楚了对方的需求——在热天用来招待远途客人，并且在学员 1 一心想要买绿茶的情况下，耐心地将黄茶如何适合招待远途客人介绍给了顾客。对话中，学员 1 一句“黄茶合适吗?”说明该顾客对黄茶的认知较少，或者说平常很少饮用黄茶，此时学员 2 的耐心解释将变得极为重要。此外，学员 2 也抓住了附近没有其他商店，而客人马上就到的信息，所以顺利地将黄茶卖了出去。

学员 6：

还有我认为学员 2 的态度也很重要，因为在学员 1 已经明确表达想要绿茶的情况下，学员 2 并没有急于否定或者贬低学员 1 说绿茶不适合招待远途的客人，而是说黄茶的种种特点会更加适合。

学员 7：

第二组的学员 4 除了准确地弄清楚顾客的需求之外，他的耐心也是销售成功的重要原因。在顾客已经拒绝他推荐的咖啡之后，他再次根据顾客的需求及时推荐黄茶，在顾客半信半疑的情况下，及时拿商店的信誉做保证，让顾客自愿地购买目标商品之外的黄茶。

老师：

今天的两组学员表现得都不错。其实，从某种程度上来说，商店老板劝说顾客购买替代商品和我们今天即将学习的话题——法官劝说前来诉讼的当事人采用调解来解决双方之间的纠纷的道理是一致的。法官在巨大的审理压力下，如何能够劝说当事人心甘情愿地采用诉讼之外的调解来处理纠纷，是众多国家都面临的问题。

（三）游戏启示

美国法院附设调解的启动大致有三种方式：双方一致同意、法律强制适用和法官指令适用。相较于法官指令适用，法律强制适用和双方一致同意的情况较少。在经过法院相关工作人员的初步筛选后，一些适合调解的案件留了下来。尽管法官可以指令双方当事人适用调解程序，但是如何让当事人做到心甘情愿呢？在法官召集双方当事人劝说他们适用调解程序时，最重要的有两点：一是明确双方当事人对纠纷解决的需求；二是尊重当事人，对当事人有耐心。法官需要在与当事人的谈话中了解他们的具体需求，并通过全面衡量各种因素告知当事人调解更适合于他们之间纠纷的解决。

二、九点连线

(一) 游戏规则

请准备好一支笔，一张白纸。然后，依照黑板上的样子（见图 8－2），在白纸上画九个点。请学员们分别用四条直线、三条直线、一条直线将这九个点连在一起。要求：只能是直线，而且无论是几条直线，都要一气呵成。

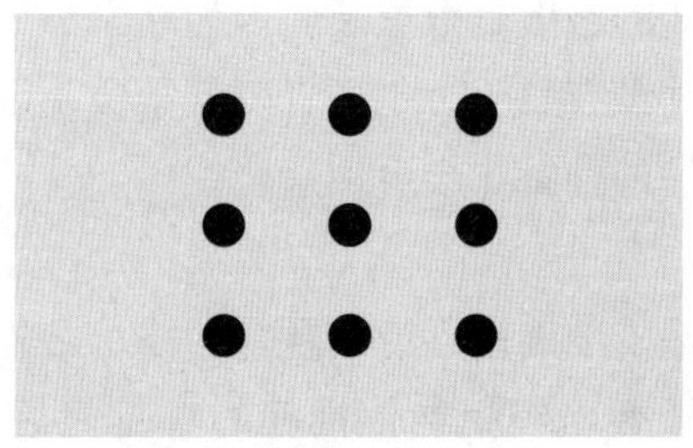

图 8－2

(二) 游戏过程

老师：

现在，我们要做一个测试思维的游戏。首先请大家准备好一支笔，一张白纸。如果你们已准备好，请举手。很好！现在照着白板上的样子（见图 8－3），在白纸上画九个点。

图 8－3

老师：

现在你们要做的是：用四条直线将这九个点连在一起。要求：只能是直线，而且四条直线要一气呵成。现在开始！（看到一名学员举手了，于是问）你画好了吗？

学员 1：

是的。我已经画好了！

老师：

哦，不对。你画得不符合要求，要一气呵成。

老师：

（对着学员 2 说）嗯，你的很接近了。

（绕教室一周后，老师走到讲台。）

老师：

我们先介绍两位赢家，请你们把自己画的图举起来。现在我在屏幕上将两位的作品画出来（见图 8－4）。

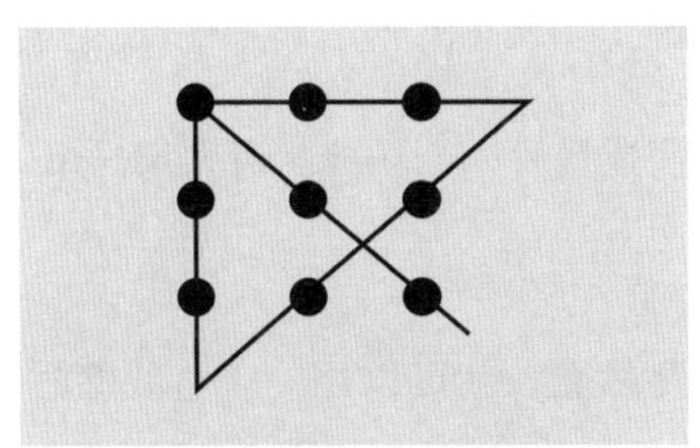

图 8－4

老师：

现在，进行下一个练。同样九个点，请大家用三条直线一气呵成地将其连在一起，开始。

（正在大家都犯难的时候，一个学员举手说自己已经完成任务，老师请学员 3 到讲台说明自己是如何完成任务的。）

学员 3：

这是我完成的。这是我的第一条线、第二条线、第三条线。看，所有的线都是直的（见图 8－5）。

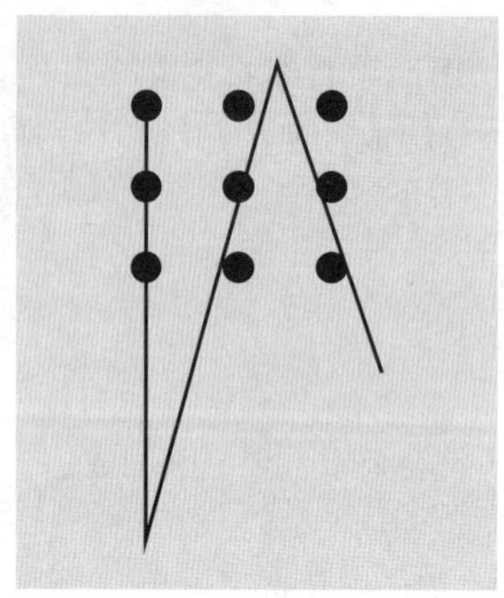

图 8-5

学员 4：

你这是欺骗。

老师：

可是所有的点都连在一起，符合规则。

老师：

好，现在我们来完成最后一个任务。请大家只用一条直线穿过这九个点。该怎么办呢？

学员 5：

只要你画的线条足够粗，就可以用一条直线穿过九个点了（见图 8-6）。

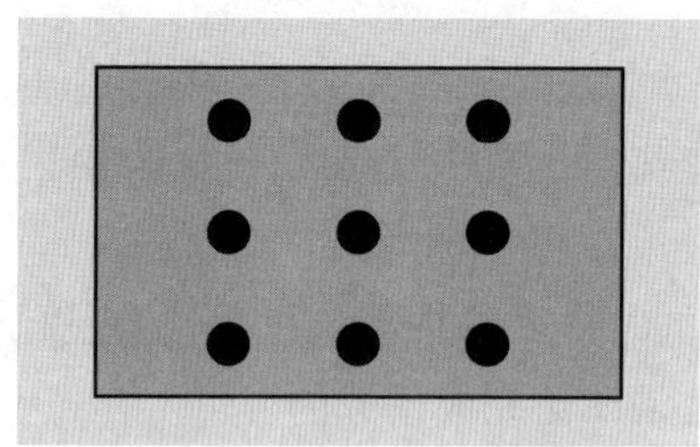

图 8-6

老师：

很好！解决这个问题必须有创造性思维，我们要学习超越框架来思考。

我们所说的创造性解决问题的方法就是超越框架想出一些新的方法。在这次的游戏中，要求画四条直线的时候，你们要超越常规的框架。要求画三条直线的时候，就是提示你们，在法律上画线可不是一件非常科学的事情，你们在“边缘”总有一些空间可以走动。比如说一个新的案子有不同的事实，你们可以在法律上找出一些空间。到了画一条直线的游戏时，你们就可以改变规则了。有时，我们感觉好像是无法改变的，但实际上可能并非如此。

（三）游戏启示

调解与裁判最大的不同就是不能仅以“非黑即白”的思维加以判断。调解需要运用综合性的思维，在裁判看来胜负已定的纠纷，在调解这里却可能因为综合加入了当事人之间的其他情况或需求，而使纠纷有了转圜的余地。调解中，只要不违背法律的一些强制性规定，我们就可以跳出既有法律规则的束缚，以一个新的视角看待当事人之间的纠纷，寻找双方当事人达成合意的空间，并通过综合性的思维来解决纠纷。

第二节　知识要点

本书前几章已经对一般性的调解程序、调解技巧、调解协议达成与履行等作了较为详细地说明，此处不再赘述。下文所叙述的是美国法院附设调解所表现出来的特别之处。

一、美国法院附设调解的发展背景

众所周知，美国是一个“好讼”的国家。正如有学者所说，“美国人几乎可以将所有的问题，以各种不同的形式转化为司法问题，托付给法院加以解决”[①]。美国人经常讲一句话：我们法庭见（see you in court）。

20世纪60年代，随着社会经济的发展，美国的社会关系也越来越复杂多样，“好讼”的美国人向法院提起了数量庞大和类型各异的诉讼。社会上

① 汤维建．美国民事司法制度与民事诉讼程序．北京：中国法制出版社版，2001：4.

也出现了许多新型案件，而这些案件往往涉及多方当事人，关系复杂，且当事人的请求繁多。因此，在面临诉讼爆炸式地增长的情况下，为应对诉讼迟延、纠纷解决成本高昂等问题，美国法院寄希望于通过其他方式来减轻法院案件堆积如山之窘境。20 世纪 70 年代以来，美国部分法院已经开始自发地探索利用仲裁、调解等方式解决纠纷。可以说，美国法院附设调解的实践先于其立法规定。在相关的规范颁布之前，美国已经有许多法院开始探索法院附设仲裁、调解等多种纠纷解决机制。1974 年美国《民事案件管理计划》规定在诉讼程序中引入法院附设调解，并先在小额诉讼中加以试行。1998 年《替代性纠纷解决机制法》（Alternative Dispute Resolution Act，以下简称《ADR 法》）的颁布解决了联邦法院建立法院附设项目的正当性和联邦法院系统的法官要求当事人使用的合法性问题。尽管替代性纠纷解决机制（Alternative Dispute Resolution，以下简称 ADR）包括仲裁、调解、早期中立评估等各种纠纷解决方式，但调解却是联邦地区法院使用最为频繁的 ADR 程序。据统计，在 1996 年，已经有一半以上的联邦地区法院提供调解服务。[①] 1998 年以后，许多学术机构和行业组织都结合当时法院附设调解的发展发布了一系列有关调解的"示范标准"和"统一法案"。有人曾统计，有关调解的州级规范和联邦规范就多达 2 000 多部。[②] 当时法院附设调解发展之盛况，可见一斑。

二、美国法院附设调解的特征

（一）适用范围的广泛性

一般来说，除非法律有特别规定，所有的民事诉讼都可适用调解。《ADR 法》也给予了各法院自主规定不适用调解的纠纷类型的权力。若地区法院认为某些案件不适用调解的，在经过咨询当地律师组织成员（包括美国政府律师）的意见后，可以规定具体的某一类案件不适用调解。虽然各法院规定的不适用调解的案件类型各有差异，不过就多数法院的情况来看，当事人自己代理的案件、监狱服刑者的民权案件、社会福利案件一般都不

---

① 周艳华．关于我国法院调解与美国法院附设调解之比较．北京：清华大学，2007.

② 齐树洁．美国民事司法制度．厦门：厦门大学出版社，2011：147.

适用调解。[①] 有些法院规则或者法官个人会将涉及宪法问题的和与公共政策有关的制定法权利案件排除适用调解。因为在法官看来，法院的重要使命就是作出裁决，而这些裁决是对法律的适时解释与适用，而上述两种类型的案件事关宪法和其他法定的权利，需要通过诉讼为这些重要的权利加以辩护，而调解的私密性可能不利于这一目标的实现。

从美国法院附设调解的发展情况来看，不仅在一审程序中广泛地适用调解结案，在二审程序中也大量适用调解。美国的民事上诉程序具有一定的不确定性，有大量的调查表明，一审判决被二审法院改判的可能性较大。同时，美国上诉法院法官的审理压力也比较大，有数据表明，美国上诉法院的法官每年大概要作出 80～150 个判决。另外，每位法官还要作为合议庭成员参与审理的案件数量大概为 300。[②] 因此，这也导致上诉法院一般需要花费 15 个月到 30 个月的时间才能对上诉案件作出最终裁决，当然，不排除将案件发回一审法院重审。所以，当事人在面临高昂的金钱成本、时间成本且上诉结果不具确定性的情况下，也有较大的可能性进行调解。为此，美国《加利福尼亚州法院规则》甚至规定只有当上诉人接受调解的结果确定后，法院才会接受当事人的上诉申请。[③]

（二）适用法律的非强制性

美国法院附设调解与诉讼的重要区别就是诉讼必须依据法律审理案件，而在调解之中，调解员在不违背法律强制性规定的情况下，可以寻找适合的与纠纷密切相关的规则、习惯甚至道德来处理案件，而不必局限于法律的规定。因为调解的重要目的就是通过挖掘当事人的诉求背后的利益，帮助当事人构建能够实现其利益的和解方案。鉴于当事人之间的纠纷内容较为多样，处理纠纷的规则也繁多，调解员只有根据具体的案件并结合双方当事人之间的意愿才能确定处理纠纷的最佳规则。不同类型的纠纷所关注的问题也不同，比如在家事纠纷之中，调解员不仅解决双方当事人之间的纠纷，还要考虑双方今后亲情关系的维系；而在商事纠纷之中，解决双方

① 蒋惠岭．域外 ADR：制度·规则·技能．北京：中国法制出版社，2012.

② 美国只有上诉法院和最高法院才有合议庭，基层法院通常是独任审理。

③ 蒋丽萍．美国鼓励在上诉程序中更多运用调解的理由．人民法院报，2017-07-21 (8).

当事人现下的纠纷固然重要，但是今后双方的合作意向与合作前景等都是不得不考虑的问题。再者，法律总有其未能规制之处。在调解时，法律之外的商业规则、商事惯例、伦理道德、风俗习惯等都可以作为解决纠纷的依据。因此，法院在制作调解员名册时，会尽可能地将有着不同职业背景、从业经验的申请者纳入其中。

（三）调解的保密性

2001 年，《美国统一调解法》（Uniform Mediation Act）对法院附设调解中的保密要求作出了全面细致的规定。[①] 该法要求所有参与调解的人员都有相应的保密特权与义务，具体包括双方当事人及其代理人、调解员和其他参与调解的人员。该法第 4 条规定了保密制度的法律效果主要有：一是被保密的信息除非有特别情况，一般不受证据开示、证据可采信等诉讼程序约束；二是当事人、调解员和其他参与调解的人员可以拒绝向其他人透露被保密的信息，同时也可以阻止任何其他人透露保密信息。第 4 条同时也强调了，一些证据或信息被认为具有可采性或者受到证据开示程序的约束，不会仅因为这些信息或证据被披露或者曾在调解中使用过就变得不可采或者不受证据开示程序的约束。根据《美国统一调解法》第 8 条的规定，除非依照《公开会议法》（the Open Meetings Act）和《信息自由法》（the Freedom of Information Act）的要求，否则相关主体需要对调解中涉及的信息在约定和法定的范围内加以保密。但是，为了保护一些更高的价值和利益，该法第 5 条也规定了一些保密特权的例外情形，具体包括：（1）经过双方当事人明确同意后，调解员和其他参与调解的人员可以通过口头或者书面的方式放弃保密特权；（2）所保密的信息可能会损害他人利益，但公开的信息范围仅限于对其不利的信息之内；（3）有人故意利用调解谋划、实施犯罪，掩盖正在进行的犯罪行为、犯罪活动。[②] 此外，美国各州也颁布了自己的法律对保密制度作出规定，如《加利福尼亚州证据法典》（1966 年）、《得克萨斯州民事程序及救济法》（2013 年）都对调解保密制度做了比较详细的

---

① 需注意的是，《美国统一调解法》名为法律，实则为示范法。

② 已经完成的犯罪行为，如果当事人在调解过程中透露相关信息给调解员，调解员仍有保密义务。

规定，田纳西、俄勒冈等州也有类似规定。[①]

三、美国法院附设调解中相关主体的作用与关系

美国法院附设调解涉及的主体众多，主要包括法院和法官、调解员与调解组织、当事人与代理人几方主体。不同主体均具有不同的目的与使命，他们相互之间错综复杂的作用与关系共同构成了法院附设调解的全过程。从系统论的角度来看，每一个主体都是这一过程中不可或缺的部分。下文将在单独分析各主体作用与目的的基础上，进一步分析他们之间的相互关系。

第一，法院和法官的作用。首先，法官不参与具体的调解过程，整个调解过程都是在调解员的主持下进行的，但是如上文所述，法官要积极筛选出适合调解的纠纷，并引导当事人通过调解化解纠纷。其次，调解的进行离不开法院为其提供适合的场地、调解员名单、调解规则等保障。

第二，调解员与调解组织的作用。首先，法院与调解组织建立联系，通过合作协议等形式，要求调解组织派出调解员对合适的案件进行调解。调解组织的服务收益从法院的开支中获得。其次，调解员的主要职能是积极促进双方当事人通过调解解决纠纷。

第三，当事人与代理人的作用。当事人可以聘请代理人参与法院附设调解，更好地维护自身的合法权益。一般来说，是否聘请代理人是当事人的自由。然而，如果一些地区的法院要求附设于法院的调解或某些类型的调解必须组成调解委员会，出于较强的专业性要求的考虑，律师作为当事人的代理人参与法院附设调解则通常为硬性要求。所以，没有代理人的案件一般都不会采用法院附设调解的方式处理，特别是在只有一方的当事人有律师代理的时候。以上做法主要是为了保持调解员的中立性，避免调解员为照顾无律师代理一方的当事人，而引起对方当事人对调解程序公平性的质疑。

第四，调解员与法官、法院、调解组织之间的关系。首先，在法院附设调解的案件中，调解员对案件负责，法官不得干扰调解员的工作。在

---

① 陶南颖．美国法院附设调解保密制度简介．人民法院报，2013－09－06（8）．

“调审分离”的情况下，调解员对于案件的解决有着充分的自主权。其次，法院不得命令调解员，也不参与对具体调解员绩效的评定和管理，参与法院附设调解的调解员仅仅对所受雇佣的调解组织以及自己的专业素质负责。

四、美国法院附设调解的过程

（一）调解的启动

美国的法院附设调解大致有两种类型：强制性法院附设调解和非强制性法院附设调解。通常来说，法院可以将附设调解设置为某些种类纠纷的诉讼前置程序，这些纠纷一般包括：婚姻家庭纠纷、邻里纠纷、小额或简单纠纷以及其解决必须借助其他已经设立的 ADR 机构及专家的专门性纠纷等。[①] 如若经过审查，法官认为某一具体案件适宜通过调解处理，其也可以自主决定当事人需先接受调解。对于非强制性的附设调解，一般需要双方当事人的同意，法院才能将案件交由调解处理。非强制性的法院附设调解适用的范围较广，除法律禁止调解的案件外，一般民事案件都可以得到调解处理。以上两种法院附设调解类型的启动方式也存在较大差别。当事人上交的材料会受到法官初步的筛选以确定案件是否适宜调解以及是否属于强制性调解范围。法院如果认为案件属于强制性调解的范围，就会指令该案进入调解程序。对于强制性调解案件，法官也会主动积极地劝说当事人双方通过调解解决纠纷，毕竟调解的开展还是需要当事人双方的积极配合。

非强制性的法院附设调解，意味着当事人可以依自愿和合意进行调解或者由法院提议调解，当事人对于是否适用调解程序起着决定性作用。但美国法院附设调解的设置初衷就是减轻法院的诉讼压力，因此对非强制性的案件，法官也会尽力劝说当事人进行法院附设调解。在法院作出强制调解的决定后，当事人也可要求法院将案件撤出调解程序，而进入正式的审理。[②] 虽然从理论上讲，调解可以在诉讼的任何阶段进行，但是一般来说，如果案件的主要证据已经开示或已经交换完成，则调解的效果会更佳。因为通过证据开示，双方当事人及其代理律师可以较为准确地把握自己在诉讼中的优势与劣势，所以据此作出妥协而达成和解的可能性比较大。但是，

① 辛国清．美国法院附设 ADR 研究．社会科学研究，2006（6）.

② 蒋惠岭．域外 ADR：制度·规则·技能．北京：中国法制出版社，2012：47.

许多法院也会在案件前期作出调解安排，通常在当事人提交简要书状之后。在这一阶段提出调解可以避免成本较高的证据交换程序，双方当事人由于还未投入更多纠纷解决成本，且还未就某一观点形成固定立场，此时劝说双方当事人达成和解的可能性较大。同时为保障调解的顺利进行，许多法院规定，一旦案件进入调解，当事人或者其律师必须实质性与善意性地参加（Material Participation in Good Faith），否则将会受到法院的处罚。

（二）调解准备程序

无论是通过双方当事人合意还是法院指令的方式启动调解程序后，双方当事人还需要进行选择调解员以及签订同意调解确认书等工作。

1. 当事人选择调解员

法院有自己的调解员名册，这些调解员一般是由具有一定经验并经过法院认可的律师担任的，但是法院也会保障当事人有足够的选择余地，比如在名册中适当地收录一些非律师身份的调解员，保证女性和白色人种以外的调解员的人数不能过少，使调解员的专业领域尽可能广泛等。法院一般会安排专门负责调解的工作人员来帮助当事人双方从调解员名册中选定调解员。双方当事人可以选出一位或者三位调解员主持调解工作。如美国马萨诸塞州波士顿地区法院规定：涉及土地、公司债务和其他比较复杂的纠纷，在进行法院附设调解时，必须组成三人的调解委员会。现实中组成调解委员会进行调解的情况极少。

2. 当事人签订同意调解确认书

虽然联邦法律和各州的法律都未要求当事人签订同意调解确认书，但是实践中，法院一般都会要求双方当事人签订此协议书。主要目的有二：一是通过协议书明确调解事项，使调解可以有条不紊地进行；二是形成书面证据，防止当事人不遵守协议中约定的内容。法院一般会向双方当事人提供简单的同意调解确认书的格式文本。调解确认书的主要内容包括：双方同意调解的意思表示、调解员的选择、调解范围、调解规则、调解保密承诺、调解费用及其负担等内容。

3. 调解员了解案件

在正式主持调解之前，调解员会提前了解案件的具体情况。调解员主要了解的内容如下：（1）双方当事人的基本信息；（2）案件的基本事实；

(3) 当事人的主张；(4) 与案件相关的法律规定、判例等内容。同时，大多数的法院调解都是在证据开示之后进行的，因此调解员会据此了解与案件相关的内容。同时，调解员也可通过召开庭前会议的方式组织纠纷当事人交换信息。双方当事人可以决定告知调解员一部分信息，并与对方互换信息。同时，调解员也可通过调前会议与双方当事人确定影响纠纷解决的关键信息。

4. 调解员安排调解

上述一系列准备工作做完之后，调解员会安排接下来的正式调解。主要安排的事项有二：(1) 调解时间。如果双方当事人急于解决纠纷，在选定好调解员以后，法院一般会安排双方当事人立即进入调解室进行调解。如果当事人表示需要一定的时间准备，调解员会和双方当事人确定好正式进行调解的时间。但是有的法院也会对调解的时间作出具体的规定，如美国罗得岛州联邦地区法院要求调解必须在调解员收到被指定为调解员通知后的30日内开始调解；美国密歇根州联邦西区地区法院规定，首次调解应在调解令发布后的60日内进行。[①] (2) 调解场所。一般来说，法院会为调解提供具体的场地，若双方当事人约定在法院以外的地方进行调解的也可。

(三) 调解主体程序

法院附设调解的过程与一般的调解并无太大差异，主要包括调解开始、联席会议、单方会谈、调解结束四个阶段。本书在前几个章节已经对此作出说明，此处不再赘述。另外，相比于诉讼，法院附设调解没有严格的举证和质证程序，同时证人也不是必须出庭的。在调解过程中，调解员一般会采取各种措施促进双方达成和解，比如鼓励当事人之间实现充分协商，营造自由的氛围等。但相比于其他类型的调解，为防止调解的过分拖延而导致浪费司法资源的现象，法院附设调解会对调解的时间作出限制。下面以一段对话[②]进行说明。

调解员：现在我们的分歧已经缩小很多了，但是你们两位关于是否要保修的事情仍然不能达成一致，我要提醒你们的是再过5分钟法官

---

① 蒋惠岭．域外ADR：制度·规则·技能．北京：中国法制出版社，2012：52.

② 廖永安，覃斌武，麦茨．谈判调解实训教程．湘潭：湘潭大学出版社，2016：144.

就要回来了，也就是说你们只有5分钟达成协议了，否则法官将会正式开始审理这个案子。

（山姆和莎莉听到后神色显得有些焦急。）

山姆：莎莉，我真的很想和你达成调解协议，这样我们就不用去法庭了，这样吧，我愿意出2 000美元并且帮你加固其他三面墙，这样可以吗？要知道另外请人加固也是一笔不小的费用。但你不能跟其他人说是我的工程质量有问题，因为到底哪里出了问题我们也不能确定。

莎莉：好吧。我也希望我们能马上达成调解协议，我同意你的提议。

在马萨诸塞州昆西法院，每个法庭每天的案件分拣工作一般会在上午9点到下午1点完成，也就是说，当天需要调解的案件，最迟也会在下午1点进入调解程序。接下来，根据马萨诸塞州昆西法院的惯例，当天下午3点左右，仍未能达成初步纠纷解决方案、仍然困于实体案情的争执以及被估计可能需要其他方式辅助解决的案件，会由负责各案件的调解员汇总，并分配给办案法官，然后安排时间重新根据当事人的意愿或某些特殊条件，选择继续进行调解，或者选择改变该案件的纠纷解决方式。

（四）调解协议的达成与效力

调解方案作出后，调解员会向当事人发出通知，并要求其在确定的期限内给予同意或反对的明确答复。如果当事人双方表示接受调解方案，则经法院审查批准，调解员即可作出正式的决定，该决定因而具有正式的法律效力。[①] 但是法院对于涉及未成年人等特殊类型案件所达成的调解协议会进行相应的审查。未经特定程序产生法律强制力的调解协议，主要依靠当事人的自觉和自律保证履行，如当事人反悔，亦不能采取强制措施，只能由调解机关进行督促。如果当事人拒绝，案件就可转入正式的法庭审理程序。美国法院附设调解肩负着与其他法院附设ADR相同的使命：即增加案件分流，提高纠纷解决效率，减少审判压力。为提高法院附设调解中协议达成的概率，美国许多法院关于调解协议生效有一个特殊规定：拒绝接受调解方案的当事人，如果在判决中没有得到比调解结果更有利的判决，将

① 辛国清．美国法院附设ADR研究．社会科学研究，2006（6）．

被要求承担拒绝调解以后，对方当事人所支付的诉讼费用。但值得注意的是，在美国，对于经法院附设调解达成协议且已经在法院撤案的，若一方不履行，则另一方当事人不能请求法院强制执行，只能重新提起民事违约之诉，法院将其作为一个民事案件进行审理。[①]

第三节　有问必答

一、美国法院附设调解的发展现状如何

问：请介绍一下美国法院附设调解的发展现状，可否用相关数据进行详细说明？

答：20 世纪七八十年代，法院在大力推广 ADR 时，主要发展的是仲裁而非调解。今天，调解已经成为美国联邦地区法院最主要的 ADR 机制[②]，可以说，现在所有的联邦上诉法院和绝大多数的联邦地区法院都设置了法院附设调解。2011 年，有学者统计了美国联邦地区法院截至 2011 年 6 月 30 日前的 12 个月内的 ADR 各种类的案件受理数。[③] 通过对 49 个联邦地区法院的数据分析，可以发现，调解是所有 ADR 中最普遍适用的一种解纷机制。调解的总量可以占到整体的约 63.09%。据统计，通过 ADR 解决的案件量可以占到 49 个联邦地区法院受理的民事案件量的 15%，那么通过调解得以解决的案件大概占整体的 9.46%，若去除一些不适宜通过调解化解纠纷的案件类型，这一比例可能会更高。反观 2011 年，美国 90 多个联邦地区法院通过审判程序解决的案件量只有 3 194 件，而一半左右的联邦地区法院

① 范登峰，李江．从美国法院附设 ADR 调解制度探索中国法院调解的改革之路．西南政法大学学报，2013 (5).

② McManus M, Silverstein B. Brief History of Alternative Dispute Resolution in the United States. Cadmus, 2011, 1 (3): 104.

③ ADR in the Federal District Courts: An Initial Report | Federal Judicial Center. [2019-03-08]. https://www.fjc.gov/content/adr-federal-district-courts-initial-report-0. 该学者的统计数据来自各联邦地区申请 2012 年的资金支持的报告之中，有一些法院的 ADR 确实发展得较为薄弱因此未提交有关报告，所以未能涵盖这些法院。此外，由于 ADR 的有关数据统计对联邦地区法院并非是必须的，因而有一小部分已知 ADR 发展得较好的联邦地区法院的相关数据也未涵盖。

通过调解处理的案件就已经有 17 833 件（见表 8－1）。

表 8－1 49 个联邦地区法院 ADR 处理的纠纷数量

ADR 程序	涉及的案件量
调解（Mediation）	17 833
仲裁（Arbitration）	2 799
多元纠纷解决方式促进计划（CA-N multi-option program）	4 222
早期中立评估（Early neutral evaluation）	1 320
集中调解周（Settlement week）①	522
简易陪审团（Summary jury trials）	0
小型审理（Mini-trials）	0
其他	1 571
总量	28 267

以上是对联邦地区法院调解情况的整体介绍。下面以加利福尼亚州北区联邦地区法院为例，说明单个法院中调解在所有 ADR 机制中的占比情况。下表（见表 8－2）② 是该法院 2013 年至 2016 年的 ADR 解决案件的数量统计，从中可以看出，调解每年处理的案件量基本维持在 700 件左右，其占所有的 ADR 机制处理的案件总数的比例基本维持在 40%左右。据介绍，加利福尼亚州北区联邦地区法院在整个联邦地区法院中并不是法院附设调解发展得最好的法院，加利福尼亚州中区联邦地区法院是所有联邦地区法院中案件审理压力最大的法院，因此该法院有更大的动力发展 ADR 机制。该院 2016 年通过 ADR 受理的案件有 2 887 件，其中委托给法院调解员的有 1 373 件，占比高达 47.56%。可见，法院附设调解在整个 ADR 中和纠纷解决之中都扮演着重要的角色。

① 在集中调解周，法院会将全部精力用于已被列入庭审准备程序名单的案件。来自当地律师协会的成员将会作为这些案件的调解员。

② ADR Annual Reports | United States District Court，Northern District of California. https：//www. cand. uscourts. gov/adr/annualreports.

表 8－2　加利福尼亚州北区联邦地区法院 2013—2016 年 ADR 处理纠纷量

	2013	2014	2015	2016
调解（Mediation）	791（40%）	637（37%）	697（37%）	745（42%）
治安法官解决会议（Magistrate Judge Settlement Conference）	656（33%）	570（33%）	619（33%）	522（29%）
非官方 ADR（Private ADR）	414（21%）	415（24%）	445（24%）	428（24%）
早期中立评估（Early Neutral Evaluation）	118（6%）	101（6%）	117（6 %）	97（5 %）
仲裁（Arbitration）	3（<1%）	6（<1%）	6（<1%）	3（<1%）
总量	1 982	1 729	1 884	1 795

二、美国法院附设调解如何收费

问：请详细介绍一下美国法院附设调解的收费情况？收费的方式标准是怎么样的，该费用在双方当事人中如何分担？

答：法院附设调解产生的初期，由于法院对其推广的积极性较大，为了吸引更多的当事人使用法院附设调解，从而减轻法院的审判压力，当时的联邦法院大都提供免费的调解服务。同时，当时的调解员大都是向法院主动申请而进入法院名册的，因此，即便在没有酬劳的情况下，其提供服务的积极性仍然比较强。但是，随着 ADR 的发展，有的地区出现了调解员收费的情况。

2016 年，有人对联邦地区法院的 ADR 发展状况进行了总结。[①] 就收费问题而言，各联邦地区法院的规定也有所区别。关于是否可以收费的问题：(1) 有的法院规定治安法官和在法院名册中的调解员只能免费提供调解服务，不允许收费，如罗得岛州联邦地区法院、哥伦比亚特区联邦地区法院和纽约州南区联邦地区法院等。但是俄亥俄州南区联邦地区法院规定，双方当事人可以因两者之间的争议较为复杂或者调解耗费时间较长等情况而对免费提供服务的调解员作出一定的补偿。(2) 有的法院规定调解员可以

① ADR in the Federal District Courts-District-by-District Summaries. [2019－03－12]. https://www.justice.gov/olp/file/827536/download. 下文对各联邦地区法院收费相关规定介绍都来自此文。

合理的比例对调解服务进行收费，如亚拉巴马州联邦地区法院，但要求法院在册的调解员每年必须提供 5 小时的免费调解服务。(3) 有的法院规定在调解的准备期间和调解开始后的一段时间内不允许调解员收费，免费服务时间之后，调解员与双方当事人可以根据具体情况或终止调解，或继续免费调解，或者收费调解。至于免费调解的时间，各法院则稍有不同，加利福尼亚州中区联邦地区法院规定的为 3 小时，加利福尼亚州北区地区联邦法院规定的则为 4 小时，宾夕法尼亚州中区联邦地区法院规定的更长，为 6 小时。此外，密苏里州东区联邦地区法院规定虽然调解可以收费，但如果一方当事人无力承担调解费用，则可以向法庭提交动议，要求由一位免费提供服务的调解员进行调解。

至于收费的方式和标准，法院也各有不同。整体来看，联邦地区法院的调解收费主要有四种方式。(1) 按小时收费。如俄勒冈州联邦地区法院的规定。但是对于每小时的具体费用，许多法院都未作出具体规定，只是要求当事人与调解员协商确定，只有个别法院作出了限定，如罗得岛州联邦地区法院规定每小时收费不得超过 200 美元，俄亥俄州北区联邦地区法院规定每小时收费不得超过 275 元。(2) 按件收费。如佛蒙特州联邦地区法院规定调解员每件收费 500 美元，但是如果调解员确实花费了较长时间进行服务，则可以与双方当事人约定增加收费。(3) 分段收费。如纽约州东区联邦地区法院规定，对于调解开始后的前 4 个小时“打包”收费共计 600 美元，不足 4 小时的还是按照 600 美元收费，超过 4 小时的部分，每小时收费 250 美元。田纳西州西区联邦地区法院规定，调解刚开始后的前两个小时按照每小时 250 元收费，但是此收费包含 2 小时的调解准备费用。此外，有的法院对于通过不同方式启动的调解也确定了不同的收费方式。如南卡罗来纳州联邦地区法院规定，如果双方当事人决定采用调解解决纠纷的，具体费用则由当事人和调解员协商，如果是法院挑选的调解员则按小时收费。(4) 根据案件性质收费。如佛罗里达州北区联邦地区法院规定，收费多少与案件的性质具有一致性。同时，许多法院规定，如果当事人与调解员作出了约定，也可以不按照以上方式收费。虽然，许多法院未对法院的收费标准作出明确规定，只要求当事人与调解员协商确定，但强调调解员要以合理的标准进行收费。此外还有法院虽然规定由当事人与调解员协商收费，但也规定要审查收费的合理性，如得克萨斯州南区联邦地区法院等。

关于费用的负担问题，许多法院规定除非当事人有其他约定或者法院对此作出裁定，否则双方应该平等地负担调解费用。阿拉斯加州还规定，如果当事人对调解费用存在争议，则由法院解决。北卡罗来纳州西区联邦地区法院规定如果当事人未能承担调解员的服务费用，可能还会受到法院的处罚。联邦上诉法院提供的调解一般是免费的，但是法院一般会向调解员报销一些交通费等实际支付的费用。[①]

三、法院附设调解的调解员的身份及其要求如何

问：请介绍一下法院附设调解的调解员的身份及其要求？

答：从联邦地区法院的相关规定来看，调解员的身份主要有以下几种（见表 8-3）：法官、法院的工作人员、其他人员。其中，法官也包括治安法官（magistrate）；其他人员的来源更为广泛，涵盖律师、职业调解员、大学教授、社区中有威望的人等。根据一位美国学者的不完全统计，其收集到的 63 家联邦地区法院中，有 42 家是通过法院自己制定调解员小组（Panel of Neutrals）名单的形式来为当事人提供合适的调解员，有的法院也会直接将案件委托给法院以外的调解组织的调解员，还有少数法院会让法官或者法院工作人员参与调解。这些法院也会对调解员的任职资格作出明确要求，如担任律师的年限、接受培训的时长等。以加利福尼亚州北区联邦地区法院为例，如果想要申请成为该院的调解员需要有一定的沟通与协商的技巧，了解有关联邦法院民事诉讼的知识，并接受法院的培训。如果申请人是律师的话，要求必须至少有 7 年的法律实务经验。法院对申请者的培训一般分为早期培训和继续教育培训两部分，无论申请者之前是否接受过类似的培训，都要按时参加法院组织的培训活动。此外，根据 2005 年的《调解员行为示范标准》，调解员还需要具备一定的文化理解能力，如果其调解能力因药品、酒精等而降低，则不能继续主持调解。

① Robert J. Niemic. Mediation & Conference Programs in the Federal Courts of Appeals. 2nd edition, Federal Judicial Center, 2006: 13.

表 8－3　　63 个联邦地区法院的调解员来源①

类型	法官(Judges)	法院工作人员(Court Staff Neutral)	调解小组(Panel of Neutrals)	外来人员(Outside Neutral)	无具体规定
数量	4	9	42	12	8

四、美国法院为当事人提供免费调解服务的情况如何

问：美国法院是否为当事人提供免费的调解服务，其运行情况如何？

美国有 50 个不同的州，关于免费调解的规定，每个州的做法也都不一样。从法院附设调解的发展情况来看，法院起初邀请了很多非常有地位的人士，包括律师、退休法官、教授以及社区内德高望重的人等来担任调解员。这些人因为经济基础相对较好，而且有较强的服务社会的欲望，同时法院也想积极地推广法院附设调解，所以当时一般都是免费为当事人提供调解服务的。后来，美国的法院附设调解开始逐步实行收费制度。但是许多法院仍旧会规定在一定时间内不向当事人收取费用，比如在新泽西州或加利福尼亚州，调解中的前三个小时是免费的。近年来，美国也建立了一些新型的调解模式，在一些大城市或大的律师事务所，有一些年轻的律师也希望能做一些调解工作以帮助他们增加收入。为了这些年轻的律师，律所积极与法院附设调解项目联系起来。法院也会采用共同调解的方式，把年轻律师和资深律师安排在一起作为共同调解员。同时，美国很多州的律师守则均规定，律师要抽出一定时间来提供一些无偿、义务的法律服务(Pro Bono)，有时，法院会将律师的这些义务服务纳入法院附设调解工作之中。

① ADR in the Federal District Courts：An Initial Report ｜ Federal Judicial Center.［2019－03－08］. https：//www.fjc.gov/content/adr-federal-district-courts-initial-report-0.

第九章　调解员的道德规范

第一节　游戏演练

一、球被传递了几次

（一）游戏规则

本游戏通过观看视频并回答相应问题的方式进行。首先老师将提出一个问题并播放一段视频，在视频播放完毕后，学员需要根据视频中所反映出来的事实对老师所提出的问题进行回答。学员对问题的回答必须依照视频中所反映出来的事实，不能基于猜测或其他方式进行回答。回答问题正确率最高的学员将得到奖品。

（二）游戏过程

老师1：

大家要做的是，数数录像中穿白色队服的球员之间一共传了多少次球（见图9-1）。录像播放结束之后，要报上答案。

（录像内容：穿黑、白队服的两组球员在传球，他们无秩序地在一个房间里跑来跑去与穿相同队服的球员相互传球。视频开始播放，学员们一边专注地观看，一边默默地计数……视频播放完毕。）

老师1：

身着白色队服的球员之间一共传了多少次球？

（学员们有的回答13次，有的回答14次……）

图 9-1

好吧，我们来看看答案。哦，15 次！

学员 1：

我的答案最接近！

老师 1：

好的！除了数传球次数之外，你们还看到其他什么东西了吗？

学员 2：

有几次传球是通过球弹到地面实现的。

老师 1：

从地面反弹过来传球也算的。

学员 3：

要求是穿相同队服的球员之间相互传球，弹到地上的不算。

老师 1：

嗯，还有呢？

学员 4：

我看到中途有一只黑猩猩过去了。

老师 1：

哦？

学员 5：

有只黑猩猩干预双方球员传球。

老师 1：

打篮球就是这样，有时候要阻挡对方球员传球。还有什么其他不同寻常的地方吗？

学员6：

有两个篮球。

老师1：

有没有人看到一只黑猩猩在里面穿梭？看到的，请举手。

（学员4、学员5等举手）

老师1：

你们真的看到了吗？要记得，如果不确定的话，你们可以问我。我知道现在有四个人同意我的说法——我看见黑猩猩了。其他人没有举手，那你们是相信你们自己的眼睛还是相信我们五个人所说的——中途有只黑猩猩出现呢？

（学员们显得很安静，大家似乎还在怀疑。）

老师1：

那只黑猩猩在哪里？让我们再看一次！

（老师点击了"重播"，当播放了十几秒钟之后，果然，从画面的右侧慢慢走出一个装扮成黑猩猩的人，当他穿过互相传球的队员时，居然还面对镜头扮了个鬼脸。很多学员惊呼："真的有啊！"原来，学员第一次观看的时候大都专注于计数，却忽略了视野里如此显而易见的事物。）

老师1：

嗯，他的装扮看起来很像一只黑猩猩呢！那么，各位评判一下吧，对于目击证人的可信性，你们现在的看法如何？

老师2：

你们为什么起初看不到这只黑猩猩呢？

学员3：

专注于数传球次数了。

老师3：

那为什么第二次看这段录像时，你们却看到了呢？

学员5：

因为有人提示了。

（三）游戏启示

当你们认真去寻找，你们就能看到；如果你们专注于其他东西，就难以发现不为你们所关注的东西。作为一名调解员，在整个调解过程中，不能把焦点局限在一个小点上面。在纠纷议题方面，对于创造性的解决办法也不能局限于自己的视域。此外，当调解员发现案件中当事人未注意到的且涉及其利益的事项时，应当主动向当事人进行披露，不能因为当事人未发现，调解员便不对当事人应当知晓的事实进行告知或隐瞒。

二、较劲不如合作

（一）游戏规则

所有学员自由分组，两人一组进行掰手腕游戏（见图 9 - 2）。每次将对方掰倒致其手臂碰到桌面得 1 分。本轮游戏有两个奖品，分数最高的 2 位学员可以得到奖品。

图 9 - 2

（二）游戏过程

老师：

两个人一组，大家都找到自己的搭档了吗？准备好了吗？

学员们：

准备好了。

老师：

好的。那我们开始吧。预备，开始！

（学员们都开始认真地进行掰手腕游戏。）

（三分钟后。）

老师：

停！游戏结束。请问有多少组至少有 2 分以上的？

学员 1：

我们组已经得了 40 分了。

老师：

怎么可能有人拿到了 40 分呢？请你们表演一下。

（学员 1 和她的搭档开始表演“掰手腕”，两个人彼此都不使力气，很“合作地”让对方把自己的手扳倒）

学员 2：

哎，我们没搞清楚游戏规则。

（学员 2 看了学员 1 与其搭档的表演后，不由地感叹。）

老师：

那你的理解是什么呢？

（老师对学员 2 坏坏地笑了笑，学员 2 尴尬地对老师笑了笑。）

老师：

有没有一组是谁都没有得分的？

（有几组学员举手。）

老师：

有没有 1 分的？

（又有几组学员举手。）

老师：

在游戏的过程中，我看到很多人都在非常认真地较量彼此的腕力，可是只有学员 1 这一组没有在较量，而是在合作。我在说这个游戏规则的时候，我非常地小心，我并没有说跟你做游戏的人是你的对手，我只说得分最高的两位学员得奖品。事实上，每一组学员要想成功得到奖品，并不是要谁把谁压倒，而是要和其他组进行比赛。学员 1 这组很快领悟到了游戏的真谛，所以他们马上合作起来，很容易就得了 40 分。

（三）游戏启示

“合作双赢”。在很多情况下，我们总是自认为与他人都处于竞争的模式，而事实上，我们与他人的竞争并不能带来最好的效果，在谈判中亦是如此。在谈判的很多情况下，我们总是认为与对方是相互竞争的，对方所要保护的利益一定与我方的利益相冲突。其实，在谈判中，我们应当将对方视为问题的解决者，而不是竞争者，应该尊重对手，理解对方利益的重要性，抛弃“独占一个大饼”的传统谈判思维，尽力尝试“将蛋糕做大”，并努力帮助对方实现他的利益目标。这样一来，对方也会相应采取行动来配合你的努力，只有双方竭诚合作，才能真正实现“双赢”的目标。就调解员而言，在当事人争执不下、难以达成共识的情况下，其应该通过履行尽职规范等义务，积极发现纠纷中的未来可期待利益，尽可能地通过自身努力将当事人之间的“蛋糕”做大。“将蛋糕做大”不仅是当事人的一项期待，更是调解员业务水平和调解能力的体现。引导当事人向前看，关注其利益共同点，努力将纠纷转化为合作也是调解员积极履行职业道德伦理规范的题中之意。

第二节　知识要点

著名社会学家涂尔干认为，职业伦理的特点是其无视公众意识对它的看法，它是一种特殊道德。[①] 调解员能否在纠纷解决中发挥作用，取决于调解员作为一个职业群体是否值得信赖。调解员要想获得社会的认可和当事人的信任，必须有一套行之有效的职业伦理规范来评价、指引调解员的行为。科学合理的职业道德规范能为调解员顺利开展调解工作提供明确指引，它是调解员有效化解矛盾纠纷的重要保障。作为调解员队伍职业化建设的重要组成部分，调解员职业伦理道德规范不仅是调解员的价值准则，是调解行业对社会承担的道德责任和义务的体现，而且是调解员工作的立业之本与内在精神动力。[②] 一般而言，调解员的职业道德规范对调解员的具体行为具有评价、指引功能，其主要包括以下内容。

第一，职业守则。调解员在调解过程中必须要受到相应的规范约束，无论其是否具有强制效力，这既是调解员顺利促成调解的要求，也是调解员职业生命力的保障。第二，公正、无偏见、竭尽全力地服务于当事人，

① 涂尔干．职业伦理与公民道德．付德根，译．上海：上海人民出版社，2006：6.

② 廖永安，刘青．论我国调解职业化发展的困境与出路．湘潭大学学报（哲学社会科学版），2016（6）：50.

即中立、尽职规范。调解员必须要公开其与所调解的案件有无利益关系，保障每个当事人都有提出自己主张的机会和权利。调解员将中立贯穿于调解过程的始终，公平对待双方当事人，这是当事人和社会认同调解的重要前提，也是调解制度正当性的基础。调解员在调解过程中也必须做到尽职尽力。调解员在调解过程中起到桥梁和中介的作用，对于当事人感情上难以直接接受的内容需要调解员从中进行传达；当事人在纠纷中未能发现的潜在性利益也需要通过调解员的尽职责任帮助其探寻。第三，避免利益冲突规范。调解员在调解过程中应当中立、尽职地服务于当事人，但是当调解员发现调解过程中出现了自身可能会影响当事人利益的情形时，其应当尽力避免这种冲突的出现。当调解员认为调解过程中出现了中立、公正失调时，其应当对当事人进行信息披露，将调解是否继续进行的决定权交由当事人决定；当调解员发现可能需要其对第三方主体进行披露相关信息时，其应当遵循保密义务去处理，维护好当事人的权益。

一、调解员的职业守则

调解员的主要职责是通过调解过程，协助双方或者多方当事人解决争端、达成和解。作为引导当事人自主协商解决纠纷，促进当事人在分歧中寻找共同利益以实现共赢的调解员，其在调解过程中必须严守职业道德规范，建立与当事人良好的信任关系。客观地讲，各国调解员职业伦理规范都是在其调解事业不断发展的过程中逐步形成并完善的。有的国家和地区已经制定了比较成熟的调解员职业伦理规范，如《美国调解员行为示范规范》、美国得克萨斯州《调解员行为指南》、美国JAMS调解员职业道德准则、《欧洲调解员行为准则》、新加坡调解中心《中立评估员行为准则》、我国香港地区《香港国际仲裁中心家事调解员专业实务守则》等。[①] 在美国，调解员职业守则一般体现为律师协会的规则或者其他组织制定的示范法，除此之外，一些专门性、行业性的职业道德标准也被纳入调解员职业守则渊源中（见图9-3）。尽管调解是一种独立的职业，但法官、律师等专业人士也会参与调解，在这类专业人员从事调解活动时，对其行为规范的要求

① 蒋惠岭．域外ADR：制度·规则·技能．北京：中国法制出版社，2012：552以下．

则会更高。

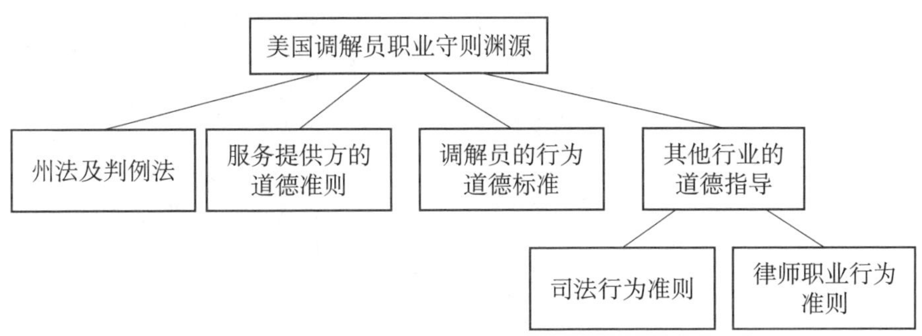

图 9－3　美国调解员职业守则

如果美国的一位法官进行调解活动，他可能要遵守两套不同的职业守则：一套是法官应该遵守的法官职业守则（这也是由美国律协和美国法官协会共同制定的一套职业标准），另一套是法官进行调解时所应遵守的调解职业守则（在美国，法官有时也做调解工作，甚至有时候要对他们自己审判的一些案子进行调解，这种情况比较罕见，但是如果双方当事人都同意，也可以进行调解）。当律师进行调解活动时，他们则必须遵守律师职业守则。这些守则是自律性的，没有监督机构监督。从各国家或地区的立法情况来看，调解员职业守则规范一般都会包含中立、公正、避免利益冲突等形式和实质要求（见表 9－1）。

表 9－1　不同国家/地区调解员职业守则要求

国家/地区	相关规范	指引条文	内容
美国	《美国统一调解法》	第 9 条	(g) 调解员应是公正的，除非披露存在本条要求的 (a) (b) 情形后，双方表示同意。
	《美国调解员行为示范规范》	第 2 条	调解员若不能公正地进行调解，则应予以拒绝。
澳大利亚	《澳大利亚维多利亚州民事行政法院调解人行为准则》	第 2 条	(1) 调解人若存在利益冲突必须退出调解。(2) 若调解人与一方当事人或者纠纷本身存在某种联系，即便这种联系尚不构成利益冲突，调解人也必须告知当事人，并且在一方当事人要求其退出时退出调解。(3) 调解人必须避免具有偏爱一方当事人的行为外观。

续表

国家/地区	相关规范	指引条文	内容
澳大利亚	《澳大利亚维多利亚州民事行政法院调解人行为准则》	第5条	(1) 调解人必须依其权力尽其所能地确保调解公平；(2) 若调解人认为一方当事人滥用调解，或者当事人之间存在着妨碍双方达成和解方案的实质性实力不均衡，调解人可以将这一情况告知当事人；(3) 代理人、专业顾问以及“辅佐人”可以参加调解，除非调解人认为他们的出席会导致调解不公平；(4) 调解人必须确保当事人有合理机会获得专家意见；(5) 调解人必须避免任何强制一方当事人达成和解的行为。
中国香港	《香港调解守则》	第1条	调解员必须公平地对待调解各方，对任何和解协议的条款不得有任何个人利害关系，不得偏袒任何一方，需要在合理的情况下应调解各方的要求提供调解服务，并确保调解各方均获告知调解程序。
	《调解员专业守则》	第1条	调解员需以公正、专业和合理的方式进行调解，并在其言谈、行为和表现上不可有任何偏袒、偏见和不合标准的情况。

二、调解员的中立、尽职规范

（一）调解员中立规范

对于何为调解员的中立规范，该种规范是否真的存在，以及该种规范能否进行具体阐述，不同的学者有着不同的观点。

清泉（Izumi）的观点较为消极，其认为中立性在现实生活中既不切实际，又难以推行。① 有研究表明，在中立性保障和调解员运用调解技巧与调解策略之间存在着脱节现象。实践中常常出现这样的情形：调解员通过运用多种说服手段甚至直接干预的方式影响各方当事人，以达到调解成功的目的。

菲尔德（Field）则认为中立性真实存在并且可以通过具体情形列举。从理论上来说，中立具有诸多含义。从广义上来理解，中立包括以下方面

① Izumi. Implicit Bias and Prejudice in Mediation, SMUL Rev., 2017, 70: 681.

的含义：一是调解员不过分关注纠纷处理的结果；二是对当事人一方不存在偏见；三是不对争议或是一方当事人形成先入为主的预设感情；四是调解员不对当事人及其争议作出自己的判断并且其处理问题的态度应当是客观公正的。① 但是，从实践情况中，我们不难发现，广义的理论上的中立并非均得到了执行和认可。虽然调解员在理论上应该不偏不倚，即公平、客观和公正，但实践中常有偏离的情形。因此，Field 认为，“在调解实践中，中立需要被视为多维，而并非所有的案件中都存在中立应具有的所有维度”②。

道格拉斯（Douglas）认为，中立规范存在于调解员自我认知中，由调解员根据自身处境作出判断，其通过对实践中调解员的心态进行研究后得到如下结论：公正性已被确定为公认的中立性的同义词。公正性作为中立性的同义词，被称为“反对偏见的堡垒”，并充当“反对偏见的解毒剂”③。根据其研究，偏见可能发生在调解员知晓一方或多方信息的情形下，也有可能发生在调解员对争议事项处理结果具有既得利益的情况中。如果调解员在调解过程中对一方产生实际或明显的偏好或反对，也会发生偏见。并且在研究中，一些受访者明确提到中立性意味着公正性，而另一些受访者则提到偏见和既得利益的相关含义。

从上述观点来看，调解员保持中立性对于确保调解过程及结果公正、公平具有十分重要的意义。综合各种观点，我们认为，调解的中立性至少应包括两层含义：第一，从外在形式上看，调解员和双方当事人及申请调解的纠纷不存在法律上的利害关系，调解员不代表任何一方当事人，也不偏向任何一方当事人，他对双方当事人是公平的、公正的和不带偏见的，否则，当事人可以申请调解员回避。第二，从调解内容上看，调解员不能过多地干预当事人的自由，不能直接或间接地对当事人进行评价，亦不能使用其专门知识去影响当事人作出决定。调解员应确保当事人的主体性，即纠纷解决方案的达成完全取决于当事人的意思自治。应当强调的是，调解员需要在超越自我的环境下进行角色扮演，如在医疗纠纷、家事纠纷等

①② Field. Neutrality and Power：Myths and Reality，ADR Bulletin，2000，3（1）：16－19.

③ Douglas. Neutrality in Mediation：A Study of Mediator Perceptions，Queensland U Tech L & Just J，2008，8（1）：139－157.

个人情感影响较大的纠纷中，应走出同情弱者偏好的情感伦理误区及事实认定误区。这种根深蒂固的感性偏离对于调解员的中立性而言毫无疑问是巨大的挑战。调解员职业伦理应综合法律与道德的双重思维进行规范设置。调解员在调解过程中仅起到为双方当事人搭建沟通对话平台、促成双方沟通交流、提出调解建议等中介性作用，而不能将自己的意志强加给当事人，否则就违背了调解中立的原则，错置其作为中立第三方的调解人的应有地位。

在我国，调解的中立和公正是密不可分的。在实践中，产生纠纷的双方当事人往往希望调解员能够帮助其化解纠纷。调解员经常会按照自己的价值观去判断双方当事人过去行为和将来计划是否符合正义的要求，并努力促使双方当事人作出符合“正确”价值观的决定。在具体案件的调解过程中，要获得当事人信任，调解员必须秉承中立性职业伦理规范，公平地对待双方当事人，让当事人双方感受到调解员是公正的。

（二）调解员尽职规范

为保证调解的质量，调解员负有尽职义务。忠于职守、勤勉尽责是调解员应当遵守的职业伦理规范。勤勉尽责，要求调解员应当不断学习有关知识、技能和经验，努力为双方当事人营造一个平等、公正的调解平台，督促双方当事人遵守调解规则，采用灵活且行之有效的方式推进和引导调解进程，并积极促使调解取得圆满结果。

调解员是整个调解过程的捍卫者，必须尽职地开展调解。被选定的调解员在接受调解任务前，应当综合判断自己是否有能力做好调解工作。如果当事人提出相应要求，应当向当事人披露自己在处理这方面案件的经历、经验和知识背景。如果调解员认为自己缺乏相应的能力和专业知识，应当拒绝调解，并向当事人披露其不能胜任调解工作的相关信息。在调解前期，调解员应当让当事人了解调解程序的性质和内容。在调解过程中，调解员应当确保当事人有充分的机会参与调解，并鼓励当事人在相互尊重中开展调解。在调解程序的后期，调解员必须保证双方当事人达成的调解或者和解协议是自愿、合法、可供执行的。

较之于其他职业道德规范，尽职规范是一项积极的义务。与中立规范相比较，尽职规范更多地强调调解员对当事人的积极作为义务。在中立规范中，调解员需要保持消极的心态，不偏不倚地服务于当事人，尽可能避免一方当事人因为调解员的原因受到现实或者潜在利益的损害。而在尽职义务中，调解员则需要积极地采取行动。从当事人与调解员的关系来看，当事人委托调解员对争议事项进行调解，事实上形成了一种合同关系，合同目的便是通过调解员及各方的共同努力推动纠纷解决的实现，以最小成本得到最大收益的目的。调解员受到当事人的委托，其为了完成合同义务，必须采取积极的行为。若调解员在调解过程中施行过于消极的行为将会造成诸多弊害。首先，调解员消极履职导致调解的需求缺失。由于调解往往出现在当事人难以直接沟通或者不便沟通的情况下，若调解员不积极或者消极地探求当事人的利益共通点，则案件又会回到纠纷的原点，此时不管是否进行调解都难以达到纠纷解决的目的。其次，消极进行调解的行为也会影响当事人的判断。当事人在寻求调解之前往往产生过失败的和解行为，当事人认为和解难以实现双方均认可的利益，从而寄希望于调解，此时调解员消极调解会使当事人产生纠纷将无法解决的错误思维，哪怕后续存在双方可能达成一致的共通点，对当事人而言其接受程度往往也会下降。最后，调解员作为调解人员共同体中的一部分，每一个调解员在调解过程中所代表的不仅仅是调解员个人和单个的调解组织，其行为在当事人眼中所代表的是整个调解集体。倘若当事人在此次调解中得到调解并非纠纷解决良方的印象，那么当事人在之后的其他纠纷中选择调解方式来解决纠纷的可能性也会相应降低，这带来的不利后果便是，大量的纠纷又将重新涌入司法途径，不利于社会的和谐发展。

三、调解员避免利益冲突规则

避免利益冲突规则贯穿调解的全过程，延伸至调解开始前以及调解结束后。调解员避免利益冲突分为调解中避免利益冲突和调解后避免利益冲突。调解后避免利益冲突是指调解员在调解不成的情况下，不得在后续的程序中，担任可能产生利益冲突的角色，如担任一方当事人的代理人、仲裁员、法官。在判断担任某种角色是否会和任何一方当事人产生潜在的或实际的利益冲突时，调解员应当考虑距离调解程序结束的时间长短、角色的性质、提供的是何种服务、当事人的意见。事实上，调解员在其后的案件中可否担任某一角色，往往受到该角色回避制度的限制。

利益冲突是否会影响调解员的中立、公正调解，判断和决定的权利首先掌握在参与调解的双方当事人手中。调解员在披露造成实际或潜在的利益冲突的事实后，当事人对调解员的选择、是否申请回避、调解员能否继续留任等均具有决定权。调解员在调解程序启动前，有义务告知所有当事人他们有权自行终止调解程序。但是，调解员面对可能出现利益冲突的事实，出于自律性，对自身是否能保证调解的公正性也需要进行考量，若认为利益冲突足以影响自身在调解中的公正性，则无论当事人双方是否同意其继续留任，都应主动回避、拒绝或退出调解。对调解员来说，回避既是一种权利，也是一种义务。综合来看，调解员避免利益冲突规则包含两个层次、四个方面的要求。首先，调解员需要披露信息，其中包括对利益冲突信息的披露和对一个理智的人须知晓的信息的披露；其次，调解员在整个调解过程和调解结束后需要履行保密义务，其中既包括对调解信息的主动保密也包括在他方当事人试图公开相关信息时予以阻止（见图 9－4）。

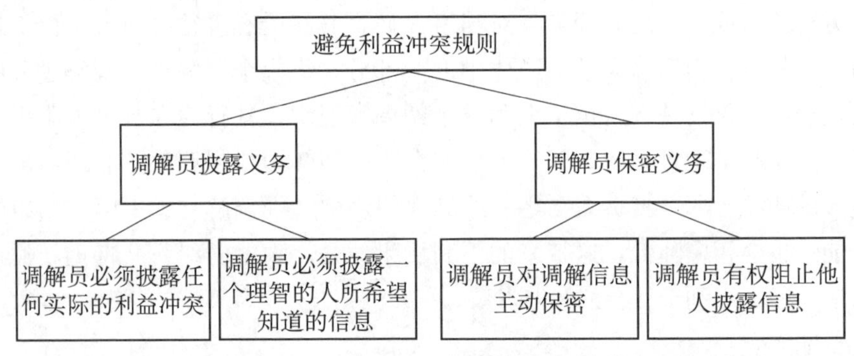

图 9－4　调解员避免利益冲突规则

（一）调解员的信息披露义务

调解员个人信息及时披露义务是指调解员要在法律、法规、规章以及其他规定要求的时间内，依规定的方式披露个人信息。《北京仲裁委员会调解员守则（2014）》（以下简称《守则》）对调解员应当予以披露的情形规定得比较全面、具体，可以广泛运用到各类调解案件中。《守则》第 9 条规定：调解员接受选定或指定的，有义务书面披露可能引起当事人或代理人对其独立性或公正性产生合理怀疑的任何事由，包括但不限于：（1）与调解案件争议事项有利害关系；（2）在接受选定或指定前曾与当事人或代理人讨论案件情况或提供过咨询的；（3）在接受选定或指定前或调解进行中接受过当事人或代理人的请客、馈赠或者提供的其他利益的；（4）与当事人或代理人有同事、代理、雇佣、顾问关系的；（5）与当事人或代理人为共同权利人、共同义务人或有其他共同利益的；（6）与当事人或代理人有较为密切的交谊或嫌怨关系的；（7）其他可能对调解员独立性或公正性产生合理怀疑的情形。在上述情形中，调解员只有在下列条件均满足的情况下，才能接受或者继续调解业务：（1）所有当事人均明确表示同意；（2）调解员能够保证在调解过程中独立、公正。实际上，调解员的披露义务作为一项非普遍义务，披露的程度往往因实际情况而有所不同。

在美国，律师为推广其业务所做的一些宣传材料中会涉及调解内容，宣传材料中也会涉及一些调解员的广告。这些广告必须是合法的和不具有误导性的。当事人可以从宣传材料中知道调解员是否会收取费用；如果收费，费用是多少。调解员不能进行风险收费，即如果达成协议收费多少，如果达不成协议收费多少。另外，遵守职业守则的调解员必须承诺参与调解公益事业（Pro Bono），要为调解工作作出自己的贡献，即培训和解释调解工作，向公众宣传和解释调解机制。因为这是一些自律性的职业守则，所以根据这些守则，调解员必须判断自己是否有能力做好某个案子的调解，如果他们觉得自己缺乏相应的能力，就应当拒绝调解，并将不能胜任调解的相关信息向当事人披露。

调解最后的阶段，将涉及签署调解协议问题。调解员有责任确保调解协议是可以执行的。在某些地区，调解协议书要由律师来制作，而调解员不是律师，所以其在某些地区就不能撰写调解协议书。但对于所有的调解协议，我们都需要确保它们能够作为合同来执行。法官不能传召调解员出庭做证人，调解员也不想作为证人被传召到法庭，被问及某一调解协议条款是什么意思。调解员是整个调解过程的捍卫者，而不是最终调解结果的保证人——除了那些很例外的，并与职业守则相冲突的情况。从各国对调解员信息披露的要求来看，各国均要求调解员必须对其可能发生的不公正调解行为进行披露，并由当事人根据自身需求决定是否继续委托调解员调解（见表9-2）。

表 9-2 不同国家/地区调解员的信息披露要求

国家/地区	相关规范	条文指引	内容
美国	《美国调解员行为示范规范》	第3条	调解人应当尽快披露所有可能被合理认为会影响其公正性的实际的和潜在的利益冲突。披露之后，如果所有的当事人均同意其留任的，调解人可以继续主持调解程序。如果调解人的利益冲突被合理地认为破坏了调解的公正性，调解人应当不顾当事人合意要求其留任的意愿而退出调解或拒绝继续主持调解。
	《美国统一调解法》	第9条	调解员违反信息披露义务的，调解员无权拒绝披露或者阻止他人披露调解员作出的调解信息。
澳大利亚	《调解人行为准则（2000）》	第2条	开始调解之前，调解人必须披露自己已经知道的所有实际的或潜在的利益冲突。如果利益冲突出现在调解过程中，也必须予以披露。
中国香港	《香港调解守则》	第2条	调解员必须以公正无私的态度对待调解各方。调解员若有可能或曾与任何一方之间有任何从属或利害关系，必须向调解各方披露；如属于这种情况，调解员必须在展开调解程序前取得调解各方的书面同意。
	《调解员专业守则》	第2条	调解员必须向当事人及本中心披露所有其知悉的实际及潜在的利益冲突，并须在披露有关利益冲突后，拒绝进行调解，若各方当事人同意则作别论。有关防止利益冲突的守则在调解期间及其后皆适用。

（二）调解员的保密义务

现代意义的调解均以不公开为原则、以公开为例外。调解员作为整个调解程序的主导者，应当确保各方当事人在调解过程中能获得均等的调解信息。即使在“背靠背”的调解模式下，调解员也不得向任何一方隐瞒与调解有关的信息。但是，调解员应确保整个调解过程是秘密进行的，不得允许公众和媒体旁听。在调解结束后，调解员在后续的法律程序中不得向法院、行政部门或其他可能对所调解的纠纷作出裁判的机构作出报告、评估、评价、建议、调查结论，或者披露其他与调解有关的信息，但法院指令或者委托调解的除外。此外，对于参加调解的纠纷当事人，调解员也应当提示其对调解过程中获知的信息负有保密的义务。因此，在调解过程中及调解结束后，调解员即有保密义务，同时也享有保密特权。

调解主体的保密特权包含两方面的内容：一是各调解主体有权拒绝披露信息，二是各调解主体有权阻止他人披露自己作出的调解信息。调解员基于职业上的信赖关系，对于因当事人信赖而被告知或知悉的事项、秘密，拥有保密特权。当法庭传唤调解员出庭作证时，其可以引用这一特权规定。为了更好地阐述调解员保密特权，本书将通过案例分析的方式对相关保密规则及实践中可能存在的利益冲突进行剖析。

案例一：女雇员起诉雇主性骚扰案

> 有位女性原告，曾就其前雇主对她性骚扰及不当开除行为与其前雇主进行调解，双方达成调解协议，协议内容是前雇主赔偿原告 20 万元，她的律师撰写了撤诉文件。调解之后发生的纠纷是：之前达成的调解协议对她在公司里所拥有的退休福利有无影响。于是，这位女士将其前雇主诉至法院，主张享有退休福利。而之前的调解员则被传召到法庭，要求作为证人就当初调解过程中双方所同意的事项进行作证。

在本案中，调解员应当如何作出抉择？有观点认为，调解员应当拒绝出庭作证。但根据相关法律，调解员如果拒绝作证将会被逮捕。也有观点认为，调解员可以行使自己的作证豁免权，即拒绝作证；或者调解员同意出庭，但保持沉默。根据美国宪法第五修正案里的规定，调解员需要出庭，但调解员可以对法官说："对不起，我不能作证，因为在调解中，我们被要求对一切保密。"也有律师认为调解员应该出庭，但其可以有选择性地回答问题，回答保密义务范围之外的问题。但究竟哪些问题才是保密义务范围以外的内容仍需要探讨。还有观点进而认为，保密内容仅限于专业性的问题，如不披露当事人的商业秘密。调解员只对当事人在调解过程中陈述的事实保密，对于后面所谓退休福利的事情，如果调解过程中并没有涉及的话，就可以不保密。但根据调解员的职业伦理而言，整个调解过程都应是保密的，而且调解员对他们退休福利的事情并不知晓。假如法官在开庭前发现有个证人是调解员，他说他的工作性质决定了他必须保密，因而他不能作证，这时该怎么办？美国不同的州有不同的法律，大部分州（包括马萨诸塞州）的调解员因有保密义务而不得出庭作证。

案例二：房客从楼梯跌伤状告房东案

有一个男性原告起诉房东，原因是他从楼梯上跌下来把膝盖摔坏了，他把责任归结为房东没有维修好房子，于是要求房东赔偿自己治疗膝盖的手术费用。在调解本案的单方会谈中，原告透露他曾因踢足球受过膝盖伤，这次从楼梯上跌下来受伤，可能与之前受伤有关，但他对调解员说，“你不要告诉对方我以前有过踢足球受伤的经历”。

若你作为调解员该怎么办呢？第一种观点认为，调解员应该为他保密；第二种观点认为，这是应该披露的事实；第三种观点认为，对调解员应该有一个公正性的要求。第三种观点还认为，在上述情形下，为了维护公正，调解员应当选择拒绝进行调解，并且可以通过召开联席会议的方式对这一问题进行解决，如调解员明确告知当事人：“我跟你说清楚，我可以满足你提出的隐瞒那些事实的要求，我会帮你保密，但是从社会公德和职业道德方面考虑，我感到很为难，我希望你慎重考虑你的要求。请你再次考虑一下，你还选择我作为本案的调解员吗？我可以接受你不再选择我作为调解员的事实。”

案例三：因离婚产生的抚养权争议

在离婚案件的调解中，调解员从与妻子一方的单方会谈中得知，妻子情绪很低落，她没有照顾好两个孩子。她不想丈夫知道这件事，也不希望社会服务机构插手。

在本案中，涉及一个我们常常遇到的情况：调解员的行为守则与法律或其他第三方的利益有冲突的情况。作为一名调解员，该怎样处理？第一种观点认为，因为这个案件涉及公益，如果案件涉及孩子的健康成长等公益的话，调解员不负保密义务。第二种观点认为，作为调解员首先应该保密，只不过诸如此类调解协议必须要经法院审查，因为这涉及公益，涉及孩子的健康成长。也就是说，如果这是法院附设调解的话，调解员应该保密，因为法院设有相应的审查程序。第三种观点认为，在调解中保密作为一个原则是非常必要的，但原则应该具有灵活性，现有保密原则太僵化了，应该有例外。因为保密原则的遵守会保护有秘密一方的利益，但同时会损害不知道秘密一方的利益。如果不考虑相对方的利益，可能就会使调解无法启动。因为不知道秘密，相对方可能会拒绝调解。

值得一提的是，在美国，保密原则并非是绝对的。在美国不同的州，不同的法律规定，不论是医生还是社会工作者，或是调解员，当专业人士觉得某种行为有构成对人身伤害和财产重大损害的“正在进行”的风险时，其必须向有关单位报告。在美国法的规定中，有关调解的保密原则还是存在一些例外的。如在马萨诸塞州，按照有关法律规定，某些工作类别的工作人员在面对这些问题的时候要把需要保密的信息公开，提出相应报告。就算没有法律规定，在很多社区调解中，尤其是涉及离婚儿童抚养权的案件，如果一方要保密的信息可能对儿童的利益造成威胁，作为调解员就有责任披露这些信息。所以，通常在调解的前期，调解员就已经告诉双方当事人，如果出现这种情形，他们会向有关单位报告。在美国的社区调解中，同意进行调解的协议书已经列出不在保密范围之内的事项。双方当事人在调解之前有权知道什么事项不适用保密规定，在当事人知道这些例外的情况下，再决定是否进行调解。

要解释清楚美国的上述做法，还需要提供一些背景介绍。美国诉讼采用的是对抗制，不同于大陆法系的规定，法官并不扮演法律事实发现者的角色。所以，在没有律师在场并由法庭把所有的程序记录下来的情况下，法官不能跟当事人单独见面。在美国，法官不能单独与当事人谈论案件是硬性规定，如果法官违反此规定，就会被取消审案资格。为了更好地展示不同国家对调解员保密义务的规定，本书对相关规定进行了列举，从各国规定可以看出，保密对调解员而言不仅是一种权利，更是一种义务；不仅其需要主动保密，在相关主体试图披露保密信息时，其调解员还应采取作为行为阻止其披露相关信息（见表 9-3）。

表 9-3　不同国家/地区调解员保密义务的要求

国家/地区	相关规范	条文指引	内容
美国	《美国统一调解法》	第 4 条	(1) 调解当事人有权拒绝披露并有权阻止任何其他人披露调解信息；(2) 调解人有权拒绝披露并有权阻止任何其他人披露当事人以外的参加人作出的调解信息。
	《联邦证据规则（2010）》	第 501 条	法官具有创制证人免证特权的裁量权。

续表

国家/地区	相关规范	条文指引	内容
澳大利亚	《澳大利亚最高法院法案》	第 24 条	在调解中所做的一切陈述、交流和讨论均通过书面协议的形式记录并严格保密。
	新南威尔州《民事诉讼程序法案》	第 30 条	除了法院授权披露之外，调解员不得披露调解中获知的任何信息。
	昆士兰州《纠纷解决中心法案》	第 29 条	调解必须不公开进行。
	《澳大利亚仲裁员和调解员协会调停和调解规则(2001)》	第 4 条	除非基于调解或者调停之目的，不得使用调解或者调停程序中披露的任何信息。
中国香港地区	《香港调解守则》	第 4 条	(a) 调解员必须将调解过程中所产生或与调解工作有关的所有资料保密。
	《调解员专业守则》	第 4 条	调解员须对调解过程中、事前及事后的所有资料保密，包括任何形式的口头、书面和电子形式的通信，若获当事人同意则作别论。

第三节　有问必答

一、当保密原则与公平原则发生冲突时应如何处理

问：对于上述案例二，在美国法的规定下，调解员会如何处理？

答：一方面，我们必须坚持保密原则；另一方面，不要把对方当事人置于不公平的处境。如果调解员仅仅表达辞职不干的意愿，这样的回答过于草率。调解员此种回答只是回避了该问题，并把困难推到了其他调解员身上。在此，我们需要界定什么是公正。假如该当事人以前踢足球受过伤，那调解员可以把调解协议的赔偿数额定低一些。我们知道事实真相可能是房东没有把楼梯维修好导致房客受伤，与踢足球受伤无关。所以，我们该做的事情是说服当事人接受一个比较低的赔偿额。如果他们达不成和解的话，那么，这个案子就会被送到法庭审理。调解员应当告知当事人在法庭上要讲真话；如果当事人在法庭撒谎可能构成犯罪。当然，即便如此，按

照美国法律，如果当事人在法庭上坚持撒谎，调解员也不能主动揭穿该当事人。我们讲过调解之外的最佳选择和最差选择，所以当事人可以接受一个比较低的赔偿额而非一无所获。

二、美国法官如何应对当事人的调解请求

问：在美国，当法官被当事人要求调解一个案件的时候，法官究竟应该怎么做？

答：美国法官的做法是：当双方当事人要求法官调解，同时法官也觉得自己可以公平处理案件时，法官的职业守则允许该法官进行调解。很多时候，法官会告诉当事人，案件事实是由陪审团来决定的。当某些案件不由陪审团审理，即当事人放弃由陪审团审理的权利时，法官既要认定事实，又要进行裁判。美国大多数法官在调解某个案件之后，都不会再审理这个案件。所以在前述“房客状告房东”的案件中，对于一个法官来说，如果先前由他担任调解员，那么，他在审判中就很难将当事人不诚实这条信息从脑海里抹掉，就算他真能把这条信息抛开，双方当事人也难以相信。所以，大多数法官都不想知道那些可能破坏他们审判公正性的信息。如果法官参与调解的话，他们大部分都会参与一些和解的过程。在这个过程中，法官主要是做一些评估性的工作。

三、调解信息的保密范围如何

问：调解信息的保密是否有一定范围，调解员的保密义务有哪些例外情况？

答：调解员职业伦理规范应当明确调解信息的保密范围。保密的信息范围过窄，则不利于实现“促使调解无后顾之忧地进行”之宗旨。保密信息范围过于宽泛，又可能为当事人滥用调解程序、逃避法律审查提供可乘之机。具体而言，调解员可以披露下列信息：（1）调解进程和程序性事项，即调解是否发生或已经终结，是否达成和解协议及出席调解的情况等；（2）出于公共利益和他人合法利益的关注，向有关公共部门披露威胁弱势方当事人及他人安全的信息。截至 2019 年年初，我国并没有明文立法规定调解的保密性；但按照民事诉讼法之规定，在民事诉讼过程中为达成和解

所作的陈述不得用作对陈述方不利的证据。

四、调解员如何尽到勤勉义务与程序上的公正义务

问：调解员是否也需要尽到勤勉义务，如果需要的话怎样才能保证尽到勤勉义务？调解员可以通过哪些方式尽到程序上的公正义务，调解程序的公正与诉讼程序的公正有何区别？

答：调解员在调解过程中当然需要尽到勤勉义务。勤勉义务是评判调解员是否称职的基本标准，是一项积极的义务。调解员是整个调解过程的程序事项主导者，必须勤勉地开展调解。被选定的调解员在接受调解任务前，应当综合判断自己是否有能力做好调解工作。如果当事人提出相应要求，应当向当事人披露自己处理这方面案件的经历、经验和知识背景。如果调解员认为自己缺乏相应的能力和专业知识，应当拒绝调解，并向当事人披露其不能胜任调解工作的相关信息。在调解前期，调解员应当让当事人了解调解程序的性质和内容。在调解过程中，调解员应当确保当事人有充分的机会参与调解，并鼓励当事人在相互尊重中开展调解。在调解程序的后期，调解员必须保证双方当事人达成的调解或者和解协议是自愿、合法、可执行的。

程序公正具有保障实体公正的作用，程序公正对于实体公正又具有独立性。对于调解程序的公正性而言，调解员应当切实履行程序公正的职业伦理，协助当事人在自由、自愿、知情且意思表达真实的情况下达成调解共识。调解员应保障参与纠纷解决的双方当事人的陈述权，平等地为当事人分配陈述的时间。但应注意的是，调解程序的公正性，不像诉讼程序一般遵循严格的程序规范，应赋予当事人更大的自主选择权。

附　　录

附录一　调解员工具箱

一、调解前会议工作事项清单

调解前电话会议清单

在各方法律顾问都方便的时候，调解员需要安排电话会议与法律顾问探讨以下事项或者其他想讨论的事项，以便为调解作准备。

1. 当事人的身份、有关争端本质的简短讨论以及调解中的利益所在。

2. 目前状况以及所需文件和其他信息的交换。

3. 如有需要，回答法律顾问有关调解过程、调解员风格和方法以及信息披露的问题。

4. 诉讼的进展状况，任何影响调解日程及调解终结的法院的期间。

5. 调解前的陈述和文件提交：是否需要以及何时陈述和提交，针对的议题，过程的时间长度，当事人如何交换意见。

6. 调解会期、日期、起止时间的安排。

7. 所有调解参与人的姓名、职位及身份，是否有其他的个人、团体受邀参加。

8. 所需配备、餐饮考虑以及其他特别需要。

9. 法律顾问的任何有关确保调解进程、当事人利益及您本人的建议。

请联系您的案件管理人员来确定电话会议的时间。

二、调解员开场工作事项清单

调解员开场工作事项清单

这是一个供你在调解开始时使用的一览表。你在向当事人进行介绍时应当涵盖所有要素。请用你自己的语言来进行表述。用一两分钟来想想该如何用自己的方式来表述所有要素。自行决定是否需要保存或采纳此备忘录。

1. 欢迎

● 介绍你自己

● 对当事人的出席表示感谢

● 询问当事人的姓名、争端以及当事人之间、当事人与争端之间的关系

● 是否可以直呼名字

● 确定决策人是否出席或必要的当事人是否缺席

2. 调解介绍

● 调解是一个自愿的过程

● 当事人合作了解问题并得出结果

● 调解员在这一过程中协助当事人

3. 保密

● 对在联席会议过程中提及的所有信息要保密

● 对在单方会谈过程中提及的所有信息按照要求来决定是否保密。在信息披露方没有允许的情况下，调解员不能与他方当事人分享在单方会谈过程中所得到的信息

● 不能要求调解员去求证任何在调解中讨论的事项

● 调解员的笔记只在调解过程中协助调解员，一旦调解完成，笔记要被销毁

4. 调解员角色介绍

● 调解员是中立的

● 不应偏袒或决定任何一方是对还是错

● 调解员不是法官，不能决定结果

● 听取双方意见

- 帮助双方发掘并形成可能的解决方案
- 调解员应记录当事人的原话，当事人对自己所达成的协议亲笔签名

5. 当事人以及律师的角色介绍

- 每一方的当事人均有机会表述其对于事实的理解以及利益所在
- 发生了什么，你想从调解中得到什么
- 仔细倾听每一个人的说法
- 创造性：运用调解程序去广泛发掘可能的结果
- 律师是顾问：他们将根据法律提出建议并帮助你了解可能的选择
- 当事人做最终的解决决议（或不做）

6. 调解过程介绍

- 介绍基本原则
- 联席会议
- 每一方当事人轮流依其理解讲述事件并告知其所期许的结果
- 信息交换
- 可能需要单方会谈（私密会议）以进一步发现问题并形成决议
- 最后的联席会议召集当事人做调解的最终解决
- 如果达成协议，理清所有条款并以书面形式记录
- 如果未能达成协议，明确当事人的下一步选择

7. 基本原则与问题

- 一次一个人讲
- 要求当事人在别人发言的时候，务必记下自己所想到的问题或意见
- 后勤事项：休息、关掉手机、洗手间位置、午餐
- 询问是否有人有问题

8. 调解协议

- 当事人对于过程的协议
- 当事人对于基本规则的协议
- 确定所有必要的当事人均有出席
- 确定结束时间，确认所有时间限制
- 如有需要，检查书面调解协议，包括调解费用

9. 调解员开场白的目的

- 教授当事人有关过程
- 对过程和基本原则达成基本协议
- 以合适的口吻促进建设性的交流
- 构建和谐的氛围并收集资料数据

10. 常见错误

- 省略了开始会议
- 认为参与者了解调解过程
- 因当事人一开始的极端立场而感到泄气
- 只关注法律问题
- 询问审判的问题、提出新问题或提供自己的主意

三、调解同意书范例

同意进行调解的协议书范例

1. 我们同意加入调解程序并以此来解决我们的问题。我们以及我们的代表——如果我们有邀请代表的话——将与调解员一起参加一期或多期会议。除了我们及我们的代表，其他人不得在我们没有准许及调解员没有同意的情况下加入调解。调解过程在双方当事人达成协议，或其中的任何一方向另一方表示有结束调解的意愿的情况下结束。在调解结束后，双方当事人同意遵守协议的保密条款并均摊所必需的费用支出。

2. 我们知道调解员将协助我们达成决议，但是调解员无权决定结果。我们自己决定是否通过该调解过程达成自愿的协议。我们同意调解员只是作为中立方存在，调解员并不以律师的职业标准活动，也不会向我们当中的任何一方提供法律建议。在调解的过程中，调解员会与当事人及他们的代表举行联席会议或单方会谈。

3. 我们同意指派________作为我们的调解员。我们确定该调解员已经披露了所有过去或现在的，正常人认为会影响到调解员公正的因素，且没有利益冲突或潜在的利益冲突存在。我们同意均摊调解员的费用以及其他支出，如费用附表所示。

4. 我们同意调解过程是一个保密的过程。我们同意不会以任何形式或手段公布任何在调解过程中的联席会议或单方会谈阶段中所共享或开示的信息。所有在调解过程中的陈述均为保密的决议讨论，不对任何一方当事人的法律地位造成歧视，并不会以任何目的在任何法律程序中被运用。我们可能会开示在调解过程中的事实。如果我们达成了书面协议，且协议已被双方当事人所签署，该协议不应被此保密条款所影响，并可能依据其条款在任何有司法管辖权的法院中被执行。

5. 任何一方当事人同意不会意图驱使调解员在任何法律程序中去作证，或驱使调解员在调解过程中出示由任何一方当事人提供的，或在调解过程中所出现的任何文件。当事人同意调解员不是任何有关调解的仲裁、司法程序或调解标的物的必要当事方。

该调解协议的签署，代表我们有权签署该调解协议，并代表在调解过程中我们的利益。

当　事　人：____________　　　　当　事　人：____________

当事人单位：____________　　　　当事人单位：____________

日　　　期：____________　　　　日　　　期：____________

四、调解协议书范例

调解协议书

案件：________________________

在同调解员完成调解的基础上，当事人特此达成协议，依照如下条款彻底解决双方纠纷：

1. 费用

2. 诉讼解决方式

3. 免责事由

4. 协议的其他条款

当 事 人：________　　当 事 人：________
当事人单位：________　　当事人单位：________
日　　期：________　　日　　期：________

五、调解专业道德指引

调解员道德规范

1. 调解员需要保证所有的当事人被告知调解员的角色及调解过程的本质，并且所有当事人了解决议条款。

2. 调解员需要保证每一方当事人是自愿参与调解的。

3. 调解员应当能够胜任任何有关特别事项的调解。

4. 调解员必须对过程保密。

5. 调解员必须在调解过程中不偏袒任何一方。

6. 调解员必须避免提供法律建议。

7. 在一些特定情况下调解员必须回避。

8. 一个调解员应当避免营销，那样会造成误导，且调解员不能做结果保证。

附录二　调解培训扩展阅读

一、如何培训调解员：21 世纪之十大技巧与技能①

詹姆斯·麦圭尔

生活在 21 世纪，无论是在哪个国度，调解在纠纷解决领域总会占有重要的一席之地。在有调解需要和意愿的环境里，如何效果显著地训练出具备同理心与保持公正的调解员是非常具有挑战性的任务。在 21 世纪，我们需要训练新一代、更多能适应高质量调解需要的调解员。我们已不可能静候三四十年，只为等待调解员从生活经验中体会，或通过观察资深的调解员了解如何进行工作学习和洞察其背后的缘由。什么样的调解培训方法最为有效？在一个地区或一个文化里行之有效的方法是否适用于地球的另一地域？本文旨在探讨这些议题，并讨论美国培训调解员所使用的技巧以及采用的原因。

调解训练和教人骑车很相似。如指导得过于简单和笼统，比如上车、蹬脚踏板、握好方向，恐怕学不出什么模样。如指导得过于理论化，一味地阐述为什么自行车行进状态下会保持直立，运用了哪些物理学规律，就算学生理解了自行车直立原理，也不能帮他学会骑车。不管学生年龄大小，如果仅说“给你车子，骑吧”，谁都学不会。到底应该怎么教呢？最成功的做法就是在他们骑车之前讲述一些基本的原则，开始试骑时提供一些指导，摔倒时分析原因，帮他们再次上车。而且要在安全的环境内演练，学生才

---

① 此为马萨诸塞州大学暨马萨诸塞州法官协会主办，美国国际开发总署赞助之法律交流项目之部分内容。本课程之材料专为湘潭大学中美法律交流中心及湖南省调解理论研究与人才培训中心编撰。本材料可供非营利培训之用，如要以任何媒体方式复制，须以本注释之形式注明出处。

不会受伤。这一比喻其实阐释了很多涉及有效调解培训的原则。

调解类型各不相同，调解员也各有所异。本文将重点讨论美国解决商业和雇佣纠纷的常用调解类型，主要是以当事人利益为导向的斡旋型调解。对于其他类型的调解，可对本文所探讨的培训技巧加以调整，以适应特定的培训需求。美国多数调解培训初级课程时长为 35～40 小时，可以几天连续授课，也可以安排在几周内的某几天授课。法学院的调解课时长一般为一个学期，每周上一次或两次课。培训组人数各异，一般每 24 名学员应配备两名培训导师。

进行调解培训，培训导师必须以身作则，本人必须具备与课程相关的各项技巧。社会心理学和现代神经科学的知识说明，人类的行为仿佛一面镜子，极具模仿性。我们笑，对方也会笑。我们冷静，尊重人，对方也会有同样的反应。所以在每一阶段，培训导师都应表现出良好的调解技巧。我们的目标是进行互动性培训，让参加者从实际操作中学到东西，所以培训导师必须始终鼓励参加者积极主动。我们要微笑，要奖励，要营造舒适的学习环境。学习应当是很享受的事情。我在课程之初会说："我希望你们不仅学习，而且学得愉快。如果我们学得不开心，那肯定我们有什么地方做得不对。"然后在每节课的开始和最后都会重复这个主题，问学生："学得开心吗?"学生回答："开心。"如果有问题，他们可能就会说，"开心，但是……"，然后讲讲问题出在哪儿。

总体来说，培训课程按照恰当的顺序涵盖调解过程中的每一阶段，这样参加者能够通过观察和操作了解这些阶段，来强化这一顺序。以下是一些具体的培训技巧。

1. 自我介绍

让大家开口说话。每个调解都是从相互介绍开始的，培训也应以此方式开展。培训导师首先进行自我介绍——背景、经验、个人信息，然后每人进行自我介绍。过程中，应要求参加者回答一两个简单的问题。比如第一个问题：跟我讲讲你的名字，名字有什么含义，为什么取这个名字，多数人的名字背后多少都有点故事。个人名字的故事很好讲，而且可以达到两个目标：参加者相互交谈，并学会分享信息，有些还是个人信息。调解中我们也应这样做。所以通过这个简单的技巧，我们就在实践的过程中完成了学习。第二个问题也很简单：你希望从培训中学到什么？你的个人目标是什么？在调解中，我们会问纠纷双方同样的问题：你的目标是什么？你希望通过调解达成什么？你想要什么？

另一个方法是让参加者两人结对，彼此提出同样的两个问题，然后向全组介绍对方。这种做法锻炼了主动聆听的技巧。想要介绍得好，参加者就必须认真听，问开放式问题，然后才能重新组织语言转述或者重复所听到的内容，在全组面前分享。最初的二人小组讨论可以进行 3～5 分钟，让参加者在课程一开始就能演练一个至关重要的调解技巧：聆听。

2. 互动性讨论

无论是在小组讨论中还是在调解中，总有不愿意说话的人。互动性讨论中的一些简单演练会帮助他们开口。其实参加者对冲突的来源和纠纷解决的基本要素已经有所了解，因为冲突和协商本就是我们日常生活的一部分。让参加者在安排好的小组讨论中讲讲他们对冲突和协商的了解，能够有效地进行信息分享，树立参加者的信心。其中一个演练是提问：为什么会产生冲突？或者说到“冲突”，你会想到其他什么词？把答案写在活动纸板或白板上，让每个人都不仅能听到，而且能看到。所有答案写在一起，比个人给出的更完整。这样，一节课结束后，多数参加者都会想：其实我知道的比我想象的多；不难，很有意思。

3. 用幻灯片、活动纸板或者其他视觉教具

培训导师向全组参加者授课或提供信息时，最好使用视觉辅助教具，以讲座或展示的方式进行。一般来说，对培训课程、基本条件、调解程序的概览，都以这种方式展示，因为人不仅用耳朵学，还用眼睛学，视觉辅助作为补充可以强化展示内容。就时间而言，几个简短（5～10 分钟）的组合比一个全程的展示效果要好。

4. 专家示范

调解培训是技巧导向的训练，而不是侧重知识的学习。学技巧最好要实际操作，其次为观摩专家的示范。专家示范应分为几个部分：a. 开场介绍，调解员开场发言，解释基本原则；b. 首次全体会议；c. 单方会谈；d. 探讨和传达解决方案；e. 查找和消除谈判障碍；f. 记录和解协议，或者结束调解。安排专家示范时，培训导师不应把台词编得太细而缺乏弹性，

以免显得不够真实。示范最后应预留总结时间，参加者可以讲述观摩心得，并就示范进行提问。

5. 调解角色扮演

技巧导向的培训核心是使参加者参与到调解角色扮演当中。开始演练前，所有参与者均收到一份共享的基本背景资料。另外，每一角色将获得个别的附加资料，提供在初始阶段仅为该角色所知晓的事实信息。这种设置的目的是要反映实际情况。例如在商业纠纷里，双方通常存在不同的利害关系，目标也各有所异。为使角色扮演更真实，附加资料最好包含最初调解员或对方不知道的信息。调解角色扮演过程中，各方可决定是否披露手上的附加信息。和专家示范一样，角色扮演可以分段进行，让每一个参加者都经历开场介绍、阐明调解基本原则、主持全体会议等各个环节，然后再进入调解程序的下一阶段。

角色扮演中的学习来自演练本身和之后的讨论。讨论和总结可以分组进行，角色扮演一结束就开始。小组讨论能让参加者在轻松的气氛下分享更多细节信息。也可以大组讨论，进行角色扮演的每组人向大组汇报各组演练的情况。通过良好的聆听技巧，培训导师把各组角色扮演的经验归纳起来，从而带出一连贯的学习重点。

根据培训进程，可以用不同的分组进行角色扮演。初始阶段，可以三人一组，分别扮演调解员和纠纷双方。有些情况下，还可以再增加一名观察员/报告员，记录调解员的表现。记笔记和观察他人表现也是调解员需要学习和演练的有用技能，因此要求参加者轮流做记录员并不是说给他们一个无关紧要的角色，任何指派的角色皆有其促进调解有效进行的任务。

参加者完成一次或多次这种形式的演练后，角色扮演可以加入更复杂的元素。下一步就是给双方都配备律师，这就要求调解员兼顾多端情况的变化，评估双方的关系、双方律师的关系及律师与当事人的关系。在一些调解里，律师并不担当重要的角色，这种情况下也可增加谈判组的复杂性，例如在商业纠纷里加入一名公司高级代表，或在家族企业纠纷里加入哥哥或父母等家庭成员。

角色扮演最好是以参加者进行调解的社区常见的纠纷为蓝本，让参加者不需要阅读大量的材料就能理解这些角色。只要提供简单的背景资料来演练，基本的调解员程序、技巧依旧能学到。目标是让参加者关注程序而非实体内容。当然，如果纠纷过于简单，参加者可能会说：“是有用，但是不现实。真实案件比这难多了。”但如果纠纷过于复杂，参加者可能会把注意力放在模拟案件的实际调解结果上。因此调解员/培训导师必须随时准备好将讨论重点引导回到调解过程上。

6. 全体学员面前的角色扮演

专家示范通常在整个培训组面前进行，而在课程后期，也可安排学员在众人面前进行角色扮演，让整个培训组观看和点评。其中一种点评方法是允许任何人，只要建议如何能做得更好（或者哪怕只是做得不同），就能到台前替换充当调解员。这种培训有时候被称为“鱼缸”式调解培训，因为参加者的表现，其他人都能看得清清楚楚。使用得当的话，“鱼缸”式训练能够鼓励参加者大胆尝试，在受到控制的环境里将他们的想法付诸实践。

7. 录像和电影

培训录像可以作为强化教学的工具。在一些情况下，例如要传授特定的调解风格，先观看调解示范片段，然后作出点评是很有效的做法。还有一个录像教学法是按时间顺序分段播放调解过程的一系列短片。在每一个短片播完后，暂停并提问：“如果是你的话，现在会怎么做？”参加者必须进行思考，回答在同样情形下会怎么做。讨论后，继续播放录像，观看录像中的调解员实际如何操作。这些短片一般不需要花很长时间观看，参加者应能很快找出好的（差的）调解实践。

另一种方法是使用电影片段来教授调解技巧，或者提出专业道德或策略性问题：“这个人应该怎么做？”“如果你是调解员，面临这个情形，你会怎么做？”这种方法能使学员暂时摆脱高强度的角色扮演，是一种轻松有趣的学习方法。

8. 点评规则和指导原则

互动性的学习有可能给学员造成压力，因为角色扮演需要参与者跨出自己的“舒适区”，在同行面前演示。很多人刚开始会很不自在，尤其是他们之前没有经历过这类型的学习。但当有机会作点评时，一些学员在找别人表现不足之处时却相当积极主动。没有培训导师的恰当引导，这种评价可能会起反作用，让参加者不愿尝试。

培训导师可以采用不同的技巧来营造恰当的点评及听取点评的学习环境。一种方法是要所有参加者公开讨论点评的做法，然后制定大家接受的汇报和评价规则。或者培训导师可以直接宣布反馈应遵循的原则。比如要求评价必须正负成对，即如果要指出演示者做得不好的地方，必须先有正面的肯定。培训导师可以发一些小卡片，进行这种正负成对评价，正面的写在 A 面，负面的写在 B 面，也就是在作出评价前，卡片两面都必须填上内容。

9. 热身演练

在友好、开心的气氛下，互动型学习和角色扮演的效果才会显著。学员要从培训中取得最大的收获，学习信任其他在课前互不认识的参加者相当重要。使用不同的热身演练可以建立这种信任和培养团队精神，其中一些演练还能激活学员的思维，使之充满创意。一个简单的方法是：在第一天培训开始时给每个参加者一张空白的姓名卡。在培训桌上摆放水彩笔和铅笔，要每名学员在姓名卡上写上他们的名字，尽量多用颜色，写得新颖。有人会不假思索地拿起黑笔写。有些人则会添上颜色，甚至特意装饰自己的姓名牌。用这个办法，除了把名字和本人对上号之外，也让培训导师洞察谁可能更愿意主动来做展示，谁更容易接受角色扮演，谁可能会认为这种演练是浪费时间，阻碍他们学习所谓“重要的东西”。其实还有很多培训导师可以使用的类似演练，好的培训导师手边会有多个热身演练，在培训中选择恰当的时机使用。

10. 记日记

在长达一周的高强度调解技能培训中，参加者会接受大量的信息和经验。鼓励参加者记日记，是一种强化培训、巩固基础的方法，也能够记录学员在下一阶段培训中想要或需要提出的问题。为使这个过程更有价值，培训导师必须提供一个安全的场合，即一个参加者可以自在地记录他们内心最深处想法的环境。以下基本原则会有所帮助：（a）日记必须保密，经学员同意后，只能和培训导师分享；（b）日记不用于任何评估。这些不是必须具备的要求，但根据经验，没有这样的原则性的保障，日记可能会缺乏应有的坦率和自我省思。

日记也可以用建议的形式来做：每天都应问一些特定问题，回答一些问题。比如，“你看到或听到了什么”“你对所见所闻怎么想”“有用吗”等。

11. 总结

调解培训是培养调解能力的核心组成部分，技能导向的培训需要互动的方法来学习。如果只是要了解调解程序，只需要推荐几本书看看就行了。角色扮演经证明是有效的培训方法。笔者希望本文讲述的调解培训技巧能在开发良好的调解培训项目方面发挥积极作用。

二、角色扮演教学法及规则①

詹姆斯·麦圭尔教授

内容：

1. 概述——角色扮演是什么
2. 角色扮演过程
3. 角色扮演的基本原则
4. 角色扮演中调解员的角色
5. 观察员/记录员的角色
6. 角色扮演之后的讨论和反馈——如何从角色扮演中取得最好的学习效果
7. 为何使用角色扮演

1. 概述——角色扮演是什么

调解训练如同教人骑自行车，理论讲解所教的总归有限，我的专家示范做得再好，也只能说明我会而已，不代表学生就能骑车。调解培训最好的方法是从实践中学习，正因如此，角色扮演的教学形式已成为调解培训的标准方法。

角色扮演是根据实际案例对冲突或争端进行模拟。在大部分的情况下，所有角色会共享一份基本背景资料。这份背景资料通常是提供给调解员的唯一书面信息。另外，各方（及其律师）会拿到一份保密的附加资料，记载只有该方知道的保密信息。不同的角色拿到的保密信息各有不同，但一

① 本角色扮演材料为马萨诸塞州大学暨马萨诸塞州法官协会主办，美国国际开发总署赞助之法律交流项目之部分内容。此版本专为湘潭大学中美法律交流中心及湖南省调解理论研究与人才培训中心编撰。本材料可供非营利培训之用，如要以任何媒体复制，须以本注释之形式注明出处。

般会和基本背景资料保持一致。这就像在现实生活中一样，各方掌握不同的信息，拥有不同的目标和利益，对过往事件的记忆也存在差异。

2. 角色扮演过程

学员先分入小组并获分配角色。在简单的谈判角色扮演中，以两人为一组。在无律师代表的简单调解角色扮演中，每组可以为三人（当事人双方和一名调解员）。有时候，四人一组更好，可两人共同担当调解员，或以第四人作为记录员和观察员。在更高级的培训中，可分为五人或六人一组，各方分别配一名律师/顾问。当然，在多方调解中，还可以有更大的组别。

分配角色后，每人将领到一份基本背景资料，内含所有角色（包括调解员）可获知的信息。另外，当事人及其律师（如有的话）会拿到己方的保密资料，其内容只有他们知道，有时代表律师还有单独的附加资料。各方手上的保密信息可以在适当的时候以恰当的方式告知调解员或向另一方披露。开始演练前，应预留时间让学员阅读手上的资料，为角色扮演做好准备。这可在培训课内进行，也可以提前分发，让学员在培训课前准备自己的角色。

学员在一定时间内完成角色扮演，演练有时可侧重调解员的开场介绍以及第一次全体会议，也可走完调解所有流程，结束前也不一定要达成协议，但双方与调解员要记录演练中止的地方，以及曾经考虑过哪些提议。

规定时间结束后，学员将进行总结汇报，可以以小组为单位进行，也可以由所有小组参加，进行大组总结。这个回顾/总结的过程通常是学到东西最多的时候，在有经验的培训导师的指导下，学员可以省视他们使用（或尝试使用）的技巧，思考如何能够做得更好。进行自我省视，聆听其他学员的意见和建议，还有经验丰富的培训导师的点评和意见，这些都是所学知识的来源。因为总结对学习非常重要，所以在课程安排内应预留足够的时间给总结部分。学员可以通过在日记本上记下其经历感受来扩展和强化学习，日记可以和培训导师及其他学员分享。

3. 角色扮演的基本原则

角色扮演是对现实生活中调解的模拟。每名学员都应入戏扮好其角色，当人人都能入戏的时候，就可以形成一个体验动态调解过程的真实环境。在扮演时，学员应有“真人”在实际生活中的讲话与对事情的反应。每名学员同时给其角色增添个人的价值观和信念。这些都是角色扮演过程的重要部分。每名学员都参与变化多端的角色扮演进程，当中没有预录台词，因为角色扮演不是提前写好台词的话剧。

角色扮演需要遵循一些基本的原则。如不可脱离各自的角色。学员必须了解该角色的基本背景资料及其人物的想法。在角色扮演中，学员要同时做两件事：一是使用角色的背景资料来扮演角色；二是要用自己的技巧在动态调解过程中塑造这个角色。你应像在真实生活中一样回应他人的话，但不可背离背景资料的事实框架。学员也不应表现得蛮横无理，或为刁难而刁难，让整个调解无法进行。此外，这个演练也不是用以说明只有谦谦君子才可达成协议。

学员各自的保密信息如何使用，如何披露，包括当事人如何向他的律师披露信息，是角色扮演的关键部分。所谓信息的披露，并不是让一方阅读背景资料，而是通过对话来传达。这能够帮助学员理解开放式问题的重要性，以及了解建立信心是分享信息的前提。最基本的原则当然是信息不能不加思考地告知对方，要考虑在什么时间披露，如何披露。有时候信息只告诉调解员，并要求保密，不披露给另一方。有些时候，一方可能要求调解员向对方传递信息，在这种情况下，调解员和学员面临的挑战是如何有效地处理信息交换以及履行信息保密的要求。这一点在讨论可能的解决方案时尤其重要。我们相信，如学员遵循这些基本的原则，应当能够体会到调解程序的本质。这种学习多与调解文化有紧密联系。如果我们将调解视为一个让当事人感觉他们能够掌控他们的生活以及调解的结果的这样一种过程，那么调解员的做法必须与法官有别，亦即并非要去发现事实、适用法律，或作出判决。

4. 角色扮演中调解员的角色

作为调解员，你如何给调解定下合适的基调？如何让双方相信你这里很“安全”？如何让双方相信他们说的都很重要？如何让他们感觉到他们所说的东西，是有人在认真聆听的？如何让双方信任你，向你披露关乎其利益的信息，而不仅仅是给你一个他们认为你需要的答案？当你提出直截了当、难以回答的问题的时候，他们会如何回应？易于回答的“开放式”问题和直接生硬的“闭合式”问题有什么区别？你如何确保个人观点不向外透露？什么时间应该告诉双方你的看法？他们在乎吗？应该在乎吗？你如何从双方获取信息来寻找共同点？你如何确保（至少在目前）一方要求保密的信息不被披露？如果你认为披露保密信息对寻找共同点有帮助，你如何说服双方？你如何处理难对付的当事人？如何开展棘手的对话？如何处理表面僵局？

这些都不是修饰性的问题，而是调解培训的核心所在。对这些问题的任何一组答案要在实际生活中发挥作用，调解员必须成为这些答案的化身——没有台词，没人点评，在实际调解中就以这些答案化作行动。这就是为什么我们要用角色扮演进行训练的原因。

调解员应能控制调解程序。调解程序从准备一个空间，邀请参与者进入到这个空间和程序中开始。调解员在调解过程中表现得越像调解员（而非参加培训课程的学生），其他学员越能演好被分配的角色。调解员还要负责按照预设开启程序、控制时间、结束程序。

分配角色时，可以侧重调解程序的特定方面，比如调解员的开场介绍、与各方的单方会谈、产生解决方案与提出建议、有效解决谈判障碍、帮助双方达成协议、记录协议等。也可以在既定时间内进行从开始到结束的整个调解演练。若是共同调解，调解员不仅要扮演上述角色，还要确保两人彼此协调地工作。

5. 观察员/记录员的角色

在一些演练中，指派一名学员充当观察员/记录员是有用的做法。在一些调解培训项目里，记录和点评调解员的表现有其需要，所以将此引入培训过程并不是凭空的一种设想。调解员（和其他的学员）一般都非常投入，无法同时记录角色扮演中他人说什么，或者自己做得如何。观察员/记录员应当记下过程中的要点（调解员开场介绍涉及的材料、省略的内容、参与方提的问题、肢体语言、停顿等）。做笔记关键要关注程序，而非事实，因为这些角色扮演的事实人人都知道。如果使用观察员/记录员，培训导师应向所有学员介绍该角色的工作，避免把观察员/记录员误认为是共同调解员。

6. 角色扮演之后的讨论和反馈——如何从角色扮演中取得最好的学习效果

角色扮演之后应有反馈：与自己对话，和其他学员一同讨论角色扮演的情况。这不是回顾事实，也不是讨论什么问题造成了争端，而是对调解程序进行反馈。调解员说了什么？调解员做了什么？你对调解员所说所做有什么感受？当然，知道你如何回应对方也有帮助，但不是那么重要。

在观察调解的时候，尤其要注意调解员说了些什么，准确记录调解员问的问题。我们知道双方一般会按照角色扮演安排的内容进行，但是调解员说什么、做什么，是没有预先写好台词的。所以我们要关注的是调解员在处理个案中做了些什么。

对调解员（或者其他角色）进行反馈的时候，要注意我们习惯先听正面反馈。先听到好话，才更容易听进逆耳之言。所以评价应当成对：行之有效＋有待改进的。“我觉得你说……的时候说得好”，然后再转而评价其他的，“下次可以考虑这样做……”

我们相信，如果你们参与角色扮演，给自己的目标是既要学习还要学得开心，你会实现这两个目标。

讨论和反馈环节可以以几种方式建构。

（1）非正式的迅速反馈。角色扮演环节结束之后，学员通常还会继续讲话。演练已经结束，但学员仍然会彼此提问，点评演练。这一程序对学习最为有用，最有价值，所以在演练后应留一些时间，让这个迅速反馈可以自动开展。

（2）小组自我反馈。小组成员可能会要求调解员总结他在角色扮演中采取的方法，然后要求他自我评价。因为调解有不同的风格、不同的方法，所以点评时最好是评价调解员在实现其目标上做得怎么样，而不是假定只有一种正确的调解或提问方法。演练双方的演员可以就他们所使用的谈判技巧进行自我点评。因为整个过程是动态的、互动的，所以谈判时能不受对方反应影响。按照最初制订的方案谈下去的情况很少见，所以个人自我点评也就同时点评了小组动态。

（3）培训导师参与的小组总结点评。培训导师可以使用自我点评和小组点评技巧引导小组总结。此做法的优点是培训导师可以框定一些原则，把不同的意见转化为更有建设性的评价。好的培训导师也能将特定的意见转化为更概括的基本调解原则和技巧。和角色扮演程序本身一样，培训导师自己虽然清楚所有的要点，但是如果学员不能通过自我反思以及与其他学员交流意见来深入领会这些要点，学习效果就不会好。培训导师指导大组总结。培训进行到某一阶段时，组织一次大组讨论很有用。各组演练了同样的角色，但是感受不同，学员可以相互学习。一种方法是让各组调解员汇报是否达成协议，如果达成，总结协议的核心条款。四五个组讲述所达成协议的主要内容之后，学员们就能立刻发现：同一问题，可能的解决办法多种多样。培训导师可以引导讨论重点，只谈调解程序，不牵扯演练好坏或者剧本内容的事实认定。谈调解程序的时候最好也是要求对某人的特定点评应该兼具褒贬："我觉得我们的调解员说……的时候说得很好。"（即行之有效）"下次，调解员或许应该考虑……"（即有待改进）因为多数初学者犯的错误都很常见，可以用一个分两列的表格进行大组讨论，一列写"行之有效"，一列写"有待改进"。这个表格能够强化讲座/讨论开始以来的主要教学点，以及独到的调解程序的最佳做法。

7. 为何使用角色扮演

调解是一个过程，对程序技巧的学习最好是通过实践这些程序来完成。这一点在运动或体育活动中显而易见，很少有人会问为什么我们要亲自实践。但在专业教育中，特别是在法学教育领域，传统做法侧重讲座和讨论，基本上使用苏格拉底式的教学方法，目标是要传授核心知识，发展批判性思维。现代调解在美国起源的时候，并没有现成的教什么、怎么教的定论。多数调解员都是从实践中学习，因此在培训他人的时候，这些调解员就按照自己在实际调解中的经验开创了角色扮演的方法。这一创新经历了时间的考验。现在多数西方国家调解培训都主要是通过使用角色扮演来完成的。

"听、看、做"就像教人骑自行车一样，调解培训开始也是程序总体性的描述——角色和目标。观看专家示范基本调解技术能够巩固之前对调解的学习，帮助学员做好角色扮演的准备。比起仅仅是讲座或者观察，这个方法学习渠道多样，为未来技能发展打下了更坚实的基础。

最有效的学习，不仅要实际操作，而且要对操作进行反思。讨论和评价角色扮演通常能够为学员提供大量机会来吸收扮演中学到的知识。而这种吸收又可以通过记日记，对过程和个人表现作进一步的反思来再度加强。然而，角色扮演对教学的作用再好也有一定的限度。真正由当事人参与的调解是学习的最佳机会。这一阶段开始时一般是从旁观摩调解，然后做共同调解员，最后独立担任调解员，由其他人来观察，点评实际表现。角色扮演是一个垫脚石，为之后这些更高阶段的调解培训做好了准备。

附注和资源：

【点评选摘】角色扮演的重要性，以及注重经验，基于技巧的方法

[1]“我越发认为，学习成为调解员的最好的方法——特别是对那些经验丰富，工作多数时间都在做诉讼人的律师来说——是要通过实际操作来学习。因此，我认为培训中最重要的因素绝对是角色扮演。”

[2] 问卷调查常出现的主题是角色扮演在调解教学中的重要性。我们常听说需要“通过角色扮演来进行增长经验的学习”，鼓励培训导师“多示范，尽早开始角色扮演”。在调解培训中，不很提倡讲座教学的原因是教学重点应在能力培养上。比如，问卷调查受访者建议培训导师“给出大量具体实例”并“先不要讲太多，让学生能尽快尝试新技巧”，提出“比较好的做法是先给出一些概念，让学生尝试，然后分析角色扮演，用角色扮演来教这些概念”。受访者还建议，有专家观看调解角色演练是个很有用的教学策略。很多培训导师都“始终在寻找新的、不同的角色扮演场景”。

[3] 不论从使用频率来说（受访者中有66%“非常频繁地使用”，有30%“频繁使用”），还是从被赋予的重要性来说（有83%认为“极为重要”，有15%认为“重要”），角色扮演都是最佳的教学方法。

三、调解培训中的“教学片”：为何及如何使用

罗伯特·史密斯教授

调解是一个动态的过程，光看书和听讲座不足以对这个过程形成深入了解，也不能有效掌握成为一个好调解员的核心技能。因此，在调解培训中，模拟角色扮演是一项核心教学方法。参阅麦圭尔（Mc Guire）《调解培训中的角色扮演：为何及如何使用》（Role Play in Mediation Training: Why We Use It and How We Do It）一文，当中阐述了在调解培训中“为何”及“如何”使用角色扮演。

本文讨论的是一个辅助性的教学技巧——使用角色扮演和模拟调解的录像。使用录像教学有两种方式：最常见的一种是“教学片”，已经录制好的用于展示调解技巧的录像，培训导师可以对调解员、双方当事人、律师的表现进行点评；另一种是“反馈片”，在培训过程中拍摄学员的角色扮演，由学员或培训导师进行点评或自我评价，这种办法在时间和技术上要求比较高，所

以使用相对较少，但在条件允许的情况下，这是极为有效的演练。

本文将讲述为何及如何在调解课程和培训中使用教学片，包括：录像教学的优点、使用录像的一些风险（及如何让风险最小化）、常见的录像教学手段、录像资源的目录及使用录像教学的文章索引。

1. 为何使用录像

现场角色扮演中，学员有特定角色——调解员、当事人及其律师，其参与性强，并有一定程度的自由发挥空间，具备实际调解的氛围。培训导师和其他参与人可以给出即时并具体的反馈，以强化演练的教学目标。

录像只是一种教学工具，不能完全替代角色扮演的功能，但能够巩固和补充角色扮演当中学到的内容。使用录像的好处有以下几点。

（1）录像可以在课外时间观看——现场角色扮演是在参与者和观察者皆在场的情况下才能进行，但课堂及培训时间毕竟有限，而教学录像既可在培训课上放映，也可以安排作为角色扮演前或角色扮演后之家庭作业，让学员在方便的时候自行观看。

（2）提供正面示范——录像可以展现经验丰富的调解员的工作，以及如何使用课程中引述的模式或技巧。相比之下，角色扮演通常由经验尚浅的学员进行，虽有正面的表现可能，但亦难免会存在一些负面的行为和互动做法。从错误中吸取经验是角色扮演教学法的一部分，但是观看正面范例也同样重要。

（3）教学材料容易控制——使用一个预先制作的录像，你对课程有完全的掌控。你可以只播放与你教学目标相关的部分，而且随时可以暂停。在实际的角色扮演中，培训导师对模拟能进行到什么程度的掌控力度要小很多。这种自由发挥性和不可预测性使角色扮演更为投入，但同时也存在弊端，就是双方可能不按照台词出牌，或者没有展现实际的情感，或者要耗费很长时间才能达到演练的教学目标。

（4）模拟不受开始和停止影响——录像上所展示的模拟是“冻结的”，开始和停止录像都不会影响模拟的流程。培训导师可以暂停录像，进行点评和提问，然后再继续播放。在现场展示中，如果打断表演来进行点评和讨论，接下来的表演则很难再像没被暂停过一样继续。如果培训导师希望随时点评，或对调解员提出的一系列问题进行评价，使用录像要容易得多。

(5) 更自由地点评——在现场角色扮演中，培训导师一般对如何点评学员表演非常谨慎。直接与负面的评价很容易让被点评人尴尬，打击正在尝试新技巧和新角色的个人的积极性。同理，其他学员也大多不愿意对他人进行直接的批评。但录像展示就不用理会这等束缚——培训导师和学员对录像演员的评价可以毫不留情。在点评录像时，培训导师可以直截了当地进行点评，比如“干得真烂!”——在实际角色扮演中就不能这么不留情面地强调一番。

(6) 评价（和自我评价）的机会——如果可以拍摄角色扮演过程，这个录像可以成为评价和自我评价的有效工具。这个录像可以由培训导师和/或学员在课外或者课上时间进行播放，对其进行更深度地点评和自我评价。

(7) 增添幽默气氛——轻松的录像和电影剪辑片段是密集的调解培训中的调节剂，能帮助参与者在进行角色扮演中暂时放松下来。比如，可以播放电影《婚礼傲客》片头那个糟糕的离婚“调解”，或者美国退伍军人事务部根据儿童故事《三只小猪和大坏狼》所制作的动画片。

2. 录像的不足

(1) 看录像没有实际角色扮演那样强的参与性。过多依赖录像可能导致学员变得被动，不积极参与学习过程。但是这个风险可以通过使用与角色扮演直接相关的录像将其减至最小。比如，如果录像中涵盖即将进行的角色扮演中所使用的技巧或即将进行的调解阶段，学员对录像会更感兴趣；或可播放由经验丰富的调解员进行，学生们刚在角色扮演中完成的有类似背景和调解阶段的录像。

(2) 完整的调解录像一般都比较长，而且经常很无聊——调解是一个过程，戏剧性的突破被分散在冗长的没什么进展的阶段之间。剪辑较长的录像非常耗时，而且可能还得懂这方面的技术。另外，如果录像只是剪辑好的调解的几个部分，有的时候会不够真实，缺乏连续调解的逼真性。

(3) 选择录像耗时，需要耐心，但是非常重要。有些可用的录像缺乏实际调解的真实性——虚构、呆板，可能是台词太死板的缘故。培训导师应尽可能多看多选，找出适合特定培训的录像。

如果有时间和资源，制作自己的教学录像是最理想的。初期投入虽然大，但如果做得好，可以重复使用，而且能够为教学目标量身定做，配合具体的技巧与模拟情境。

3. 使用录像教学的技巧

调解课程和培训使用录像培养调解技巧有多种方法，常见方法如下。

每个阶段的教学录像都既可以在课内播放，也可以安排为作业在课前或课后观看，节省课上时间，这个取决于录像目的。

（1）在要求学员进行角色扮演之前播放，展示正在教授的调解阶段，或者角色扮演中会涉及的技巧。

（2）在现场角色扮演之前，播放录像给出调解的背景。例如，导致纠纷的事件（比如解雇雇员或者商业伙伴之间的争端），让学员对纠纷有比书面材料更现实的感觉。

（3）在学员进行了角色扮演之后，播放有经验的调解员在同样情况下的做法。可以包括学员经历过的调解阶段，或者角色扮演还演不到的后期部分（以及调解员面临的挑战）。

（4）播放调解的起始阶段，然后在录像停止之处继续进行角色扮演。通常课内没有足够的时间自始至终地模拟调解，调解早期可以让学生从录像中观看，这样他们有时间用角色扮演的方法体验之后的各个阶段。

（5）通过展示有关不同调解员的剪辑，比较调解风格和技巧。可以播放不同调解员对类似调解的做法，或者用剪辑片段阐释诸如斡旋型与评估型，狭义型与广义型调解的对比。

（6）播放调解的一部分，然后停止。要学员就所看内容进行评价，询问学员接下来会怎么做以及为什么，然后播放录像以观看其调解如何继续。

（7）录制学员角色扮演的实况。要学员观看录像，准备一份对其表现的自我评估，总结从演练中学到的东西。如果有时间，培训导师也自己或者和学员一起观看录像。

4. 录像资源

（1）在网上搜索会有很多有关调解和模拟调解的录像资源，但很多并不专业，并且会耗时过长。刚开始寻找教学录像，建议看萨福克大学法学院德怀特·戈兰教授的网站，及《使用录像学习和教授谈判和调解》一文。

网址：http：//www. law. suffolk. edu/faculty/addinfo/golann/videoTeaching/

（2）有些调解教科书有附带的 DVD，内含教学录像，以及给教师的额外资源的网站。例如，福尔伯格、戈兰、科洛鹏博格、斯捷潘诺维奇合著的《争端的解决：理论，实践和法律》（第二版）一书（阿斯鹏出版社 2010 年出版），以及弗伦克尔和斯塔克合著的《调解的实践》一书（阿斯鹏出版社 2008 年出版）。

（3）2011 年 10 月湘潭大学调解培训中使用的录像节选出自名为“调解员的技巧”的 DVD，在 JAMS 基金会网站（www. jamsfoundation. org）上可以找到。

5. 总结

调解技巧教学最好是阅读、讲座、示范、角色扮演及点评配合进行。现场进行角色扮演，聆听经验丰富的培训导师的评价，是发展这些技巧的首要方法。在调解课程和培训中使用教学片能够很好地强化从角色扮演演练中学到的技能，并能扩大学员对调解模式和技巧的了解。如本文所述，在调解培训中融入教学片有其优点，并且有各种技巧可以运用以增添效果。

参考目录：

［1］Golann. Using Video to Teach Negotiation and Mediation. Dispute Resolution Magazine，Winter 2007：8 - 11. http：//www. americanbar. org/content/dam/aba/publishing/dispute _ resolution _ magazine/dispute _ magazine _ Winter07unifiedxwcvr. authcheckdam. pdf.

［2］Along with the above article，Professor Golann created a excellent website of resources and links on the use of video and films in teaching mediation. http：//www. law. suffolk. edu/ faculty/addinfo/golann/VideoTeaching/.

［3］Benjamin & Adler. Reel Negotiation：The Good，the Bad，and the Ugly：Reflections of Negotiation and Mediation in Film，October，2006. http：//www. law. suffolk. edu/faculty/addinfo/golann/VideoTeaching/reelNeg. cfm.

［4］Rabin. Making and Using Films to Teach Negotiation. Program on Negotiation at Harvard Law School，June，2010. http：//www. pon. harvard. edu/daily/negotiation-skills-daily/ making and using films to teach negotiation/ print/.

[5] O'Neil, How I Learned to Stop Worrying and Love the Camera: Video in Negotiation Pedagogy. Program on Negotiation at Harvard Law School, May, 2011. http: // www. pon. harvard. edu/daily/ negotiation skills daily/how i learned to stop worrying-and love the camera video in negotiation pedagogy/print/.

四、"记日记"：以记录调解培训感受来学习和教学

莉莲·美兰达法官（卸任）

记日记已是今天各个职业、不同层次培训发展中常用的教学手段。日记的使用方法和形式视教师和学习范围不一而各有所异，但有一点相通：记录和思索对教材内容和教学过程的感受和回应。

记日记不光是简单重复所学课程，而且是一种主动的学习过程。日记既能帮助学员学习，也能帮助培训导师教学。一方面，记日记培养课程学员对所学内容进行批判性和分析性的阅读和思考，鼓励学员在消化信息的同时思考和分析所学内容。另一方面，日记对培训导师的教学技巧和方法给予反馈，启发其深思。日记中记载什么是行之有效（working well）的以及有待改善（done differently）的意见，对培训导师的迅速反馈，可以让他们随课程进展及时调整内容和技巧。

1. 调解培训使用日记的基本步骤

学员需要对日记的用途有清楚的理解。保证日记的保密性，通常可以鼓励学员更坦率地点评和提问。培训导师通常会告诉学员日记是保密的，不会在没有作者同意的情况下和他人分享。至于打分或评级时是否使用日记，是另一个需要探讨的问题。某些情况下，可以完全根据学员是否有写日记来打分，而无须考虑日记内容。

日记本（3 环的活页笔记本，每一页都是针对当天培训的单独问卷）可以作为教材的一部分发放，每天记日记，也容易取下来交给培训导师。如果培训项目有课程手册，日记也可以放在课程手册里。

日记中如果有简单的开放式调查问卷，可以协助学员更好地整理自己的思维，提出有关当天授课的问题。但有些培训项目不规定回答哪些问题反而效果更好，因为能够鼓励学员重点关注自己感兴趣的领域，而不是仅

仅回答特定的问题。

培训导师应每天收日记、看日记，找出频繁出现的问题以及能引人思考、加强教学的问题和点评。需要直接回答的问题应在次日一上课就回答，其他问题则可融入培训项目内。还有些问题应当个别回答，可采用书面方式或单独会面的方法。日记一般应在浏览后还给学员。这样，课程结束时，日记中记满了学员对所学调解技巧的想法、印象和反馈，这等于是他自己的一套教材，在今后的工作和学习中都是重要的参考工具。

另一个办法是以电子邮件、附件或通过公共储存网站（如 Google Documents）提交电子日记，这在收集、阅览、点评上更为灵活。

2. 建议日记问题

（1）学习中出现哪些问题？你希望进一步探索哪些课题？

（2）哪些问题或技巧最有意思、最能发人深省？

（3）哪些材料或技巧难以理解或者可以适用于你的工作中？

（4）哪些技巧或演练最容易融入你的工作中？

（5）你对今天的学习是否有其他意见和看法？

3. 总结

日记可以成为调解技巧教学和学习的互动部分。日记提供了一种可以让人提问和质疑他人看法但比较自在的模式；也是一个机会和一种方法，让学员在消化新信息和新技术的过程中思考和分析所学的内容，也能让培训导师在教学过程中根据及时反馈调整教学，回应学员的意见和建议。

附Ⅰ：课程日记写作提示

发给：全体学员

来自：课程导师

日期：××××年××月××日

标题：课程日记

课程进行期间每天早上提交一篇日记。可使用发给你们的日记表格（5份）进行填写，中英文皆可。也可用电脑记，打印或在线提交。我们不会在没有得到你同意的情况下将你的日记与他人分享。日记长短不限，可以探讨你感兴趣的任何调解内容或教学方法。在记日记时，请考虑以下问题：

1. 示范中哪些主题或技巧你最感兴趣？为什么？
2. 课程内容中出现哪些问题？
3. 哪些技巧可以很快融入你在中国的工作？
4. 哪些主题和技巧难以理解，或者你觉得在工作中难以运用？
5. 对当天的培训，有没有其他的看法或评价？

附Ⅱ：课程日记参考模板

发给：课程导师

来自：××学员

日期：××××年××月××日

回复：课程日记

---

1. 今天示范中我最感兴趣的主题或技巧是：__________。
2. 对……我还有问题：__________________________。
3. 我在工作中可以使用的技巧是：________________。
4. 有关今天培训的其他想法和评价：______________。

五、调解培训中的游戏和演练：为何使用及如何操作

克莱·麦圭尔律师

孩子们喜欢玩游戏，成年人也经常通过看专业运动比赛来放松自己。但在调解培训这样严肃正经的活动中，游戏将起到一个什么样的作用呢？答案可能让你吃惊：游戏和参与性的演练在调解员实际培训中起着非常重要的作用。本文将阐述为何在培训中使用游戏，并举例探讨培训中最常用的游戏。

调解培训中使用游戏不算什么首创性的做法。大多数的技巧培训（以改进具体工作所需技巧为目标的培训）都常用游戏来加强培训效果。和调解培训一样，这些技巧培训要求学员之间，以及学员与培训导师之间以互动的方式来改进技巧。换句话来说，就是用训练来改进已有的技巧，获取新的技巧。为达此目的，游戏训练可派上大用场。

假设我正在培训商业合约谈判技巧。在培训的第一个小时里，我要求学员结对模拟谈判，然后进行检讨，相互提出建设性批评意见。若学员来

自不同地区，是互不认识的，有不同程度的实际谈判经验。在这种情况下，学员可能都会感到很不自在，学到的东西因而也很有限。

为了活跃气氛，技巧培训导师研究出了一些游戏，名为“破冰演练”。这些活动的目的是要让学员放松，让他们更容易接受需要他们参与的活动。对一些学员来说，培训经历可能既陌生又不习惯，为了营造轻松的环境以鼓励学员互动参与，在自我介绍时可让他们讲述自己名字的来龙去脉，即为何取这个名字、名字的含义是什么。

培训游戏的另一个目的是传授技巧，加强培训相关的能力（比如沟通技术、积极聆听）。最佳的“破冰剂”能够取得两个目标：一是让学员对互动性培训感到自在，二是强化一项技巧。在这类游戏之后，培训导师可以问一个简单的问题：“这类游戏和调解有什么联系？”

“生日站队”是一个很简单的活跃气氛的游戏，并能展示非语言沟通的重要性。游戏要求学员按照生日（月份和日期）先后排队，但不能出声。这个游戏也可用两队人竞赛的方式进行，这样可以营造一种友好竞争的气氛。点评这个演练的时候，学员可以谈谈游戏中为了克服障碍，不出声也能进行有效沟通的创意办法。

在调解培训中，游戏可以用来强调调解过程本身的不同方面。比如，培训学员相互介绍或向培训导师介绍自己的时候，通常都会使用一些“破冰”游戏，让各方有充足的时间在介绍阶段互动，强调了介绍在调解过程中的重要性。真正调解的时候可能不会先来做游戏，但要花时间进行介绍，用这个时段来形成各方彼此的信任和对调解员的信任，是至关重要的。在培训中专门花时间进行介绍能够让学员记得这一步骤的重要性。

介绍阶段常用的游戏是让学员配对，相互提问，然后向全组介绍对方。这一演练能使学员学会积极聆听和总结（调解中必需的两个技巧），并强调在调解过程中进行介绍的重要性。

另一个“破冰”游戏叫作“用蜂蜜抓更多的苍蝇”。学员配对，其中一个人要一手握拳，放在面前，拳心向上。另一人需要想办法尽快将该人的手打开。最快的方式当然就是好好说：“请你把手张开好吗？”

另一个类似的演练游戏叫作“线里线外”。培训导师在地上画一条线（也可以用纸胶带贴一条线），要受训者分别站在线两边，面对面站立。然后培训导师告诉学员如果他们能在一分钟内让对面那个人跨过线，就有金钱奖励。其中一种成功结果是一方同意站过来（这是讨论谈判风格的机会——毫无诱因仍愿意合作的人可能有高度合作精神，或是极其厌恶冲突），对方获得全部奖励；另一种是通过两人决定平分奖励（探讨妥协作为常用谈判风格的机会）达成协议，一方同意站过来。但是，最成功的是两人同意互换位置，让双方结果都最优化，因为每个人都能够拿到全部奖金。这个演练中有很多可以学到的东西：跳出框架思考、结果最优化、沟通技巧等。

有些演练，特别是引入社会心理学和神经科学的新概念的设计，是为了巩固课程的内容。与其告诉学员某些特定行为存在，或者给学员看相关研究报告，不如让学员在互动演练中亲眼看到这些行为，后者的影响要深刻得多。

这些演练中有一个经典游戏，叫作“拍卖一美元”。培训导师将一美元拍卖，出最高价者得之，但出价第二高的人也要付给拍卖师其最后喊价。很多学员都没有意识到只要喊价超过 50 美分，拍卖师就赢定了。通常都是到后来，参与竞价的人才意识到，不和其他竞拍者提前说好，就没办法不当老二，进而白白丢钱。游戏结束了，竞价人出了比一美元多的钱拿到了一美元，学到了一个深刻的教训——亏本生意，比如高费用的诉讼；还学到了相关的教训，就是如果玩家之间没有达成协议，想赢这个游戏的唯一办法就是干脆不玩。学不会这一点，竞价只会让拍卖师变成富翁。

在课堂上做游戏的原因很多：帮助学员放松，鼓励他们走出“舒适区”，参与活动（比如角色扮演），强调调解程序的某些方面（比如开场介绍或“头脑风暴”式的讨论），以及支持课程内容。但最主要的原因是游戏好玩，而我们在玩得开心的时候更容易接受新理念。

六、法院附属 ADR 的几点特别考虑——以法官为视角

莉莲·美兰达法官（卸任）

法院附属替代诉讼纠纷解决项目（Court Connected ADR Programs，简称法院附属 ADR）与其他类型的调解不同，因其背后有法院的领导层的支持，同时有着推荐法院附属 ADR 法官的权威光环。虽然这些项目是自愿的，但诉讼人和律师一般更愿意参加由法院安排的调解，替代其他更耗钱

费时的纠纷解决方式。

根据我在马萨诸塞州地区法院当律师和法官多年的经验，我发现有一些因素是法院附属 ADR 成功的关键。下文将探讨在制定和实施法院附属 ADR 中应特别考虑的因素，即成功项目的核心元素。

1. 获得所有当事人与重点人物承诺参与程序

在设计和实施法院附属 ADR 时，应当找出所有涉及利害关系的各方，让其参与讨论和设计项目。如果从一开始就囊括所有相关人员，保证其参与，等于是为法院附属 ADR 奠定良好的参与基础，也为日后的成功打好了坚实基础。虽然法官和法院工作人员是引导和支持法院附属 ADR 的设计和实施的支柱，但需要强调：法院附属 ADR 独立于普通的法庭程序，是诉讼的替代方案。虽然调解结果可能经由主理法官批核，但法官并不参与调解程序或左右其结果。

2. 框定法院附属 ADR 的指导原则和目标，设定基调

多数法院附属 ADR 成功的核心因素来自目标明确，即对意图和目的清晰的陈述。在设定项目指导框架时，应确定所有可能的利害关系方，让每个人都参与其中。在设计和发展法院附属 ADR 时让法官、律师、法院人员、社工、社区成员等都参与，对项目成功与否起关键作用。如果在初期设计和实施时所有相关人都有机会参与，则之后的调解程序会得到更多的参与和支持。囊括所有利益团体和个人确实麻烦且耗时，但这点对项目最终成功举足轻重。花一点时间形成一个方方面面都考虑到的法院附属 ADR，最后参与率和动力会更高和更大，更容易成功。

3. 解决参与和权力问题

成功的法院附属 ADR 需要公众参与，保证程序公正公平。理想的项目应当由独立于法院的机构来主持法院附属 ADR，其经费来源也必须独立于法院的财务。这样的设置让各方都能参与，没有资金的限制，由中立者来推动程序。要保证程序的成功和中立性，法院附属 ADR 必须由一个财务独立的机构来承办，这一点非常重要。另外，必须向参与者确保程序的保密性，保证任何一方均可在任何时间终止调解。哪方选择终止程序，双方在谈判中有哪些沟通，一样需要保密，这一点非常关键。

七、讲授谈判与调解课程的一些感想

戴维德·麦茨

本文是以我在中国各高校六年的调解与谈判课程教学的经历为基础撰写的。在本文中，我将从我"个人体验"的角度，对谈判与调解课程教学提一些看法。

在中国讲授谈判与调解课程，按道理应当与在美国上课是一样的，但我们首先面临的问题就是"调解"一词的定义在中美两国存在一些差异。同时，我们也应该知道，这一差异不影响调解谈判课程的核心内容。另外，在中美两国教学时可以采取同样的教学技巧、教学方法与教学理念。从我的个人经验来看，两国学生们对于教学的反应也基本相同。关于两国之间不同的文化底蕴及其差异会影响当事人之间处理纠纷的方式这一看法是正确的，但是这种差异并不会比性别差异、年龄差异或者身份差异更难以处理。因此，夸大国家间差异的想法是错误的，不同国家之间的相似才是一个更突出的现象，也更重要。

在谈判与调解的教学过程中整合了三种方法，这也是学生需要了解和学习的：(1) 学生从书面资料或者教师的口头教学中吸收知识以及一些有意义的想法，并进行讨论。(2) 在实践中观察这些知识点和想法（可以采用视频或者现场演练的方法)。(3) 进行练习，学习如何熟练地运用这些知识（通常采用在课堂练习和角色扮演的方法)。

这三种方法的运用没有固定的先后顺序或者模式，随着课程的进行，它们将会融合成为一个整体过程。"争端故事"（War story）能够促进这种融合，教师描述一个谈判或者调解的案例并让学生亲自参与。学生们能够记住这些故事，并且能够在面对新情况时更加容易地运用在案例中学到的技巧，这种教学方法远远胜过在课本上罗列一个各种应对方式的表格。

假设调解是一个有协助的谈判过程，那么谈判的教学部分就是整个课程的基础。大多数关于谈判的基础课程都是围绕竞争与合作这两个概念以及它们之间的相互影响建立起来的。这两种要素对于一个好的谈判来说都是不可或缺的，当事人在谈判过程中也应当时刻铭记。但是我们并没有一种稳定、简单或者说是轻松的方法将这两种方式同时运用于同一个谈判程序之中。因此，我们的教学目的就是帮助学生理解这两种要素之间的冲突关系，以及教他们如何有效地处理在面对这种冲突时产生的不安情绪。

谈判的基础课程通常会教学生如何在谈判中运用一些人际交往的技巧。这是一种很好的方法，但是它也有可能给学生一种错误的引导。技巧存在的意义在于如何去使用，而决定什么时候使用、如何使用则由谈判者自己掌握。例如我们在谈判中究竟要采用何种态度，我们准备在谈判上花费多少时间以及我们希望最终如何解决纠纷等。技巧的运用能使谈判者收集到做这些决定所需要的信息，但是这些决定的作出实际上涉及了谈判者自身的各个方面，而不仅仅是技巧的运用，大部分的谈判基础课程和教学材料都忽视了这一点。教师如果能熟练运用案例、故事或者其他的文献资料进行教学，就能更好地帮助学生注意到谈判者个性对于谈判过程有着极大影响。而对于这一观点深层次的关注也可能为更高层次的谈判课程预留了空间。

几乎所有参加这个课程的学生之前都有过谈判的经验，他们中有的人对谈判有一定的畏惧心理，有一些人则会觉得他们已经掌握了很多关于如何进行谈判的技巧和知识。任何一个谈判基础课程都隐含地表明了（有时候这种隐含的内容是非常明显的）课程能够提高学生的谈判技能。这种思维能够在谈判中产生不同的影响，而且谈判技能的学习是一个终身的过程。鼓励的教学方法是很重要的，但是这仍然不够。随着大量人际交往技能的学习，在课后继续进行学习是难以做到的：获得关于谈判技巧使用有效程度的反馈是非常不可靠的，同时也是一个很重的负担；而专业行为的固定模式是难以改变的，即使在有反馈的情况下。更糟糕的是，我们对于什么是成功谈判的直觉有可能会产生误导，有时候甚至是明显错误的。一个好的谈判基础课程就是要点出这些在谈判中长期存在的问题，并提出一些解决方法。

大多数谈判教学的核心内容是角色扮演。它让谈判课程在学生之中非常受欢迎，但是这种受欢迎也可能成为一种限制因素，关于学生能在这一过程中究竟学习到什么的质疑已经存在。研究表明，与其他学习方式相比，角色扮演并不能使学生们更好地学习到相关概念和技巧。[①] 但是学生们能够更好地记住他们在角色扮演中所学习到的知识，同时他们也对通过角色扮演进行学习表现出更高的积极性。对于标准角色扮演的变化和灵活使用也被提出，例如，在学习概念的过程中，让学生们自己设计整个角色并扮演比单纯地扮演角色所取得的效果更好。另一个研究表明，学习谈判技巧时，一种更好的策略是让学生们学习某项技能，并试着将其运用于各种不同情况。[②]当然，角色扮演不能完全地模仿出真实谈判的所有特征，也不能很好地体现出谈判中时间的压力、当事人之间化学式的反应和使谈判陷入僵局的真正利益，自然也不能体现出这些情况对谈判所带来的影响。所以，如果能将真实的谈判案例运用于课堂练习，将会是非常有益的。我们在一次课堂上发现两位学生（他们是室友）正处于真正的摩托车交易谈判之中。于是整个课堂的学生都成为他们两位的顾问，给他们一些关于谈判技巧的建议，同时也见证了他们两位在课堂谈判中的心理活动和每一步的谈判策略。需要指出的是：讲授谈判技巧并让学生理解和记住是一项非常具有挑战性的任务，关于如何将其做到最好，我们还有许多的经验总结和学术研究工作需要去做。

调解中出现的很多问题与谈判中出现的问题是相似的，但是两者又有所不同。在谈判的角色扮演中，双方都在进行谈判活动，而在调解的角色扮演中，三位参与者中只有一位学生作为调解员在进行调解活动，因此另外两位学生一半是参与者一半是观察者。在角色扮演中成为调解员有特殊的作用（例如亲身体验调解员的行为对调解所产生的影响），但是要使三位学生都尝试调解员的角色，则需要进行三次角色扮演。这就导致调解教学的时间长于谈判教学。在中国，调解员通常由比当事人拥有更高地位的人来担任，这与美国的情况是不同的。在教学中，老师需要考虑到这一情况

---

① Ebner and Kovach. Simulation 2. 0：The Resurrection，in Venturing Beyond The Classroom. Honeyman，Coben，and De Palo，eds. DRI Press，2010：245 - 267.

② Moran，Simone，Yoella Bereby-Meyer，and Max Bazerman. Stretching the Effectiveness of Analogical Training in Negotiations：Teaching Diverse Principles for Creating Value. Negotiation and Conflict Management Research 1. No. 2，May，2008：99 - 108.

对调解技巧的运用和选择可能会造成的影响。在调解的教学中还需要考虑一些在谈判中不存在的技巧和道德方面的问题，例如什么是调解的中立性？它在什么情况下很重要？它如何影响调解员的行为？

目前，中国的大多数谈判与调解课程都是由海外的教师进行授课，其中主要是来自美国的教师。这种情况显然要经历转变：随着时间的推移，这一教学工作应当由中国教师完成。这一转变可以由翻译美国教材开始（角色扮演、阅读和视频资料），要做到这一步是非常简单的。翻译工作的完成将会引领中国相应教材的快速产生。与翻译教材相比，培训中国教师将是一项比较困难的工作，因为它要求老师们学习一种不同于以往习惯做法的教学方式。我刚开始在中国从事教学活动时曾经被告知中国学生不会在课堂上与老师进行互动，他们会埋头记笔记而不会主动提出问题。就我个人的经验来看这一结论显然是错误的，中国学生从沉默到活跃的转变仅仅在几分钟内就可以完成，随后他们就变得和美国学生一样，在课堂上非常积极踊跃。某些学生会比其他人学习得更快，但是总体来说他们的适应能力是完全没有问题的。而中国老师学习交互式教学方法的难易程度还没有研究能够表明，因此，一项由大学所发起的学习教学技能的项目将会成为推动老师们学习交互式教学方式的重要一步。

谈判与调解的教学可以在短期内完成（3 至 5 天），也可以花费整个学期。事实上，更进一步地想，我们可以设置一系列大学水平的关于纠纷解决的课程：谈判技巧的基本简介；以辅助谈判为目的的调解课程；关于如何运用最新研究成果来解决纠纷的进阶课程，以及强调不同谈判语境重要性的课程，不论是家庭内部冲突、公共政策冲突或者国际冲突都能适用。

我在中国高校法学院进行谈判与调解教学工作的体验非常有意思。同时，我也了解到，在美国和另一些国家，对高中生、小学生，甚至对上小学之前的孩子教授这些技能的教学实验取得了极大的成功。这一教学的直接目标在于帮助学生们更好地处理分歧，而更长远的目标则是创建一个尊重差异并能够和平而有创造性地解决分歧与冲突的社会。

随着谈判与调解技能教学的开展，对于这一方面的研究已经成为相当新兴的领域。对于该学科我们还有很多不甚了解的部分，而在我们已经了解的部分中，挑战也在日益增加。这一领域对于新思想是非常开放的，如果关于谈判和调解的教学与研究能够在更多的国家发展起来，尤其是被中国这样拥有独特历史文化底蕴的国家所重视时，对整个学科的发展将会有莫大的益处。

图书在版编目(CIP)数据

调解实训教程/廖永安，覃斌武主编. --北京：中国人民大学出版社，2019.12
（中国调解研究文丛. 实务系列）
ISBN 978-7-300-27689-2

Ⅰ.①调… Ⅱ.①廖… ②覃… Ⅲ.①调解（诉讼法）—中国—教材 Ⅳ.①D925

中国版本图书馆 CIP 数据核字（2019）第 251354 号

中国调解研究文丛（实务系列）
总主编　廖永安
调解实训教程
主　编　廖永安　覃斌武
副主编　赵毅宇
Tiaojie Shixun Jiaocheng

出版发行	中国人民大学出版社		
社　　址	北京中关村大街 31 号	**邮政编码**	100080
电　　话	010－62511242（总编室）		010－62511770（质管部）
	010－82501766（邮购部）		010－62514148（门市部）
	010－62515195（发行公司）		010－62515275（盗版举报）
网　　址	http://www.crup.com.cn		
经　　销	新华书店		
印　　刷	涿州市星河印刷有限公司		
规　　格	170 mm×228 mm　16 开本	**版　　次**	2019 年 12 月第 1 版
印　　张	14.25 插页 2	**印　　次**	2019 年 12 月第 1 次印刷
字　　数	207 000	**定　　价**	45.00 元